伝統芸能の革命児たち

九龍ジョー

文藝春秋

はじめに

伝統芸能という字面に、いくつもの方向へと蠢《うごめ》くベクトルを見る。引力と斥力、求心力と遠心力のごとく、それらの均衡としてこの言葉は成立している。

目の前にある「伝統」を高度なレベルで保持し、継承し、しかしそれをただ金科玉条として護るだけでは、伝統と呼ばれるほどの内実と長さを保つことはできなかった。歴史の時代区分を超えるということは、社会構造や生活様式などの変化に対応し、その波を乗り越えてきたということでもある。

二十世紀の偉大な経済学者シュンペーターは、経済成長の背景にある非連続的かつ不断のイノベーションに注目した。成長曲線を拡大してみるならば、それは自然なカーブではなく、でこぼこした階段の積み重ねとなる。その段差では、常に誰かが創造的な跳躍を行っているというわけだ。

いま目の前にある伝統芸能についても、同じことが言えるだろう。それは一見、安定したなだらかな輪郭を持っているが、目を凝らしてみるならば、表面はでこぼことした鋭さを具《そな》えている。

はじめに

本書のタイトルにある「革命児」とは、その先鋭さの謂《い》いでもある。つまり、伝統芸能における「革命」とは、すでに「伝統芸能」の四文字に含まれてもいるわけで、殊更とりたてて述べるほどのことではないのかもしれない。

ただ、現在、伝統芸能と呼ばれるものは、江戸の終わりから明治にかけて整備され、昭和の頭ぐらいまでにその伝統性を樹立したものが少なくない。すると令和初頭のいまは、間接的にであれ、その息吹を肌感覚として知る最後の世代が去りつつある——というタイミングに当たる。不断の跳躍の、その脚力が真に試される時代でもあるのだろう。

本書は大きく二つのパートに分かれる。「古典芸能篇」と「寄席演芸篇」とし、前者では主に、歌舞伎、能、狂言、文楽を、後者では主に、落語、講談、浪曲、新派、ストリップなどを扱う。といっても、これは便宜上にすぎず、登場する芸能者たちは、ときに枠組を超えて邂逅し、交錯していく。

執筆時期が数年にわたるため、執筆時とは名跡が変わった者もいる。その他の情報も含め、基本的には現時点から見て齟齬のないよう、最低限の補足をした。

以上、お含みおきいただければ幸いである。

目次

第一部

たゆたう古典芸能

ワンピース歌舞伎の冒険

2015年10月

尾田栄一郎の世界的ヒット漫画『ワンピース』を市川猿之助《えんのすけ》がスーパー歌舞伎にすると聞いて、意外とイケるんじゃないかと思った。

ヘビーな原作ファンで、出演者でもある坂東巳之助《みのすけ》も、「いつか誰かがやる（歌舞伎にする）気がしていた」という。

「だってルフィの決め台詞の『海賊王に、おれはなる』。あれ、七五調ですから」

秘宝ワンピースを探す海賊たちの大航海。物語のベースにあるのは清水次郎長をはじめとする任侠物の精神である。アクの強いキャラクターも、悪魔の実の能力により発動する特殊能力の数々も、歌舞伎のケレンと相性がよさそうだ。

ただ一方で、ソツのない舞台化では当世流行りの二・五次元演劇との差が見いだせなくなるのではないか、という危惧もある。

歌舞伎であることの意味——裏返すと、「なにさえあれば歌舞伎なのか？」という問いは、先代の猿之助（現・猿翁《えんおう》）がスーパー歌舞伎を生み出した当初から、澤瀉屋《おもだか》が取り組んできた命題だ。

三幕構成の一幕目、シャボンディ諸島の奴隷市場。競売にかけられた人魚を救うために天竜人を殴りつけたルフィたちは海軍に取り囲まれる。ここで麦わらの一味による勢揃い、白浪五人男風のツラネとなった。

注目すべきは衣裳と身体だ。笑也《えみや》のロビン、隼人のサンジなどは原作似だが、春猿《しゅんえん》のナミには女形の粋が尽くされている。人形のチョッパーは、狐忠信《きつねただのぶ》のごとく人型に変身。なるほど二・五次元を飛び越えてみせてはいるが、歌舞伎へ着地できるのか、やや不安が残る。

そして、猿之助による主人公、モンキー・D・ルフィだ。似ていない。見た目だけではない。キャラクターの造型からして別モノに感じられる。

このあと一行はバーソロミュー・くまのパンチ（ＣＧで表現される）により、それぞれ遠く離れた場所に飛ばされてしまう。ルフィが辿り着くのは男子禁制の島、アマゾン・リリー。猿之助の二役目、絶世の美女ハンコックはしっくりきている。

いまいち乗り切れないまま一幕が終わり、降りてくる定式幕には、原作のキャラクターが描かれていた。ここでオリジナルの絵を見せてしまうのは得策でないようにも思われたが、その懸念は、二幕以降の怒濤の展開で吹き飛ばされることとなる。

本作の筋立てを七十巻を超える原作のなかから「マリンフォード頂上戦争編」に絞ったのは、先代からスーパー歌舞伎に携わってきた脚本担当の横内謙介による判断だろうか。麦わらの一味ことルフィとその仲間たちが活躍する場面であれば、他にもっと適当な箇所があるはずだが、あえてルフィが孤軍奮闘するこのパートを選んだ、その判断が効いた。

大監獄インペルダウンに兄、エースの救出へと向かうルフィ。エースを演じるのは現代劇俳優の福士誠治だ。前作のスーパー歌舞伎Ⅱに続く出演だが、今回はより重要な役を託されている。

仲間を想うルフィの気持ちは、辿り着けないエースへの思慕へと転化され、より高まっていく。誰にも会えないからこそ、想いを募らせるルフィ。その水位の高さが猿之助をルフィに変えていく。

ストーリーで友情を語らしめるのは、それほど難しいことではない。原作『ワンピース』の根底に流れる気宇壮大な空気感をどう実現するのかが勝負だった。きっとそれは澤瀉屋の歌舞伎に通底する感覚でもあるのではないか。であれば、原作のルフィに見た目を寄せるのではなく、猿之助がそのままルフィに見えるべきなのだ。

支えるのは巳之助のボン・クレーである。原作ファンも驚いたにちがいない。声、姿、完璧だ。コメディリリーフでありながら、心を打つところも。

猿之助ルフィから溢れ出る想いが、原作から飛び出したがごときボン・クレーに降り注いだ瞬間、舞台にスイッチの入る音がした。

二幕の終わり、本来なら主役のものであろう本水《ほんみず》を使っての大立ち回り。そこにはルフィはいない。巳之助のボン・クレーと隼人のイナズマに託されている。だが、仲間を思うルフィの気持ちは残像として漂っており、若い二人の激しい殺陣とともに、新橋演舞場には秋晴れの空をぐわっと摑むような大気が充満する。たしかに『ワンピース』原作のコアに触れる感覚があった。

そして、猿之助の宙乗りだ。ここで流れる北川悠仁《ゆうじん》（ゆず）の手による主題歌がまた、よかった。ＲＵＡＮ《ルアン》という少女がボーカルを務める。稽古場で「これを使っちゃいけないっていうのは？」と聞く北川に、「これは使っちゃいけないっていうのを、全部使ってほしい」と猿之助が即答するメイキング映像を見た。一見、冗談にも聞こえるが、本気だろう。それぐらいでは歌舞伎が揺らがないことを、猿之助は知っている。

三幕では、それまで囚われの身のため動きを制限されていた福士誠治のエースが奮闘する。二十一世紀歌舞伎組はもとより、非歌舞伎俳優の活躍という点では、ドラァグクイーンであるイワンコフ役の浅野和之も弾けていた。ジェンダーの複層性が、歌舞伎的身体と非歌舞伎的身体の交錯により、より妖しく煌めく。

なにがあれば歌舞伎と呼べるのか――。

激しいツケはあるが、下座音楽はない。プロジェクション・マッピングがある。スッポンの使い方も定石よりも解釈を拡げている。

かつて猿翁は言った。

「歌舞伎俳優がやれば、歌舞伎になる」

猿之助は少しはみ出た気がする。それは「どこまでが歌舞伎」ではなく、「ここにもあそこにも歌舞伎がある」と発見する、あるいは種をまく作業にも見える。それでいて、伝統性も手放していない。

白ひげ役の市川右近（現・右團次）による碇知盛《いかりとももり》の援用は、歌舞伎そのものだ。ラストは毛剃《けぞり》の汐見《しおみ》の見得である。

海賊王に、おれはなる。

ゴムゴムの身体のごとく、歌舞伎のしなやかさ、強さを信じているからこそ、猿之助は腕を伸ばしていく。その手を、次は誰と繋ぐのだろうか。

スーパー歌舞伎Ⅱ『ワンピース』より。市川猿之助演じるルフィ。

女形の現在——七之助と児太郎

2015年12月

歌舞伎座の十二月大歌舞伎、昼の部は本朝廿四孝《にじゅうしこう》から『十種香《じゅしゅこう》』、木下順二作の民話風世話物『赤い陣羽織』、舞踊の『重戀雪関扉《つもるこいゆきのせきのと》』。大歌舞伎というのにはやや厚みに欠ける座組ではあったが、演出も兼ねる玉三郎のもと、七之助と児太郎という若手女形を代表する花形二人の好演を愉しんだ。

まずは『十種香』。松也の武田勝頼を挟み、右に七之助の八重垣姫、左に児太郎の濡衣《ぬれぎぬ》というおなじみの並び。いずれも二人の祖父にして女形の名優、七代目芝翫《しかん》の当たり役である。

赤姫の拵《こしら》えの七之助。柱巻きの見得。演技以前に、その美貌に目を囚われる。このビジュアルとしての美しさをどう捉えるかが、「女形の現在」を考える端緒となる。

阿国《おくに》によるかぶき踊りが全国の遊女に流布し、遊女歌舞伎となる。これが風紀を乱すとしてお上に禁止され、替わりに少年たちによる若衆歌舞伎が登場。このあたりで「女形」の原型は生まれたとされる。

つまり「女形」とは、女の「禁止」によって生まれた。

歌舞伎見巧者の山本吉之助は著書『女形の美学』でフロイトを転用し、「女形とはファルスを剝奪された存在であり、そのような女形を様式の中核に位置付ける歌舞伎という演劇にはファルスの欠如感覚が見られる」と書く。さらに、にもかかわらず、「女形のファルスとしか言いようがない」「とんがった突っ張ったようななにか」を強烈に感じさせる女形として、六代目歌右衛門に言及する（「女形のファルス～六代目歌右衛門小論」）。

突っ張ったようななにか。それは言い換えれば、そもそも女役なのだから女優が演じればよいではないかという「女形である自分自身への懐疑」をはねのけるための「なにか」である。映像にしかまにあえなかった私でも、歌右衛門に「突っ張ったようななにか」を感じるのはたしかだ。

一方で、かぶき踊りの「茶屋遊びの踊り」のように、遊女歌舞伎が禁じられるずっと以前から、歌舞伎には男が女を演じる場面が存在していたという事実もある。

だいたい古今東西、演劇が、男女の性差について〈具象〉と〈具体〉を乖離させて描くのはけっして珍しいことではない。むしろその距離によって演劇的イリュージョンが立ち上がることさえ少なくないし、「ジェンダー」という社会的構築物と、個人における「セクシャリティ」との間に、すでに〈演じる〉という要素が含まれてもいる。また、神事と演劇の交わるポイントでは、両性具有による呪術的なパワーの獲得が目指されることもあっただろう。

すでに様式化された歌舞伎を検討するならば、性の境界を越える変身も珍しくはない。それが可能となるのは、歌舞伎が、身体的な重苦しさをあっさり消去する平面の位相を持つからだ。

この平面の位相は、現在の女装カルチャーの最前線とも呼応する。

二〇〇七年に始まった日本最大規模の女装イベント『プロパガンダ』のキーワードは「オープン」と「ファッション」。そこには、かつての女装カルチャーにあった「アングラ」の匂いはない。オタク文化の隆盛、とくにコスプレイヤーの存在と、それらを包摂するSNSの広がり。女装とインターネットの結節点としてもっとも重要なのは「自撮り」である。例えばツイッターで「#女の子だと思ったらRT」といったタグとともに放流される画像の数々をご覧いただきたい。「女らしさ」の獲得というプロセスをビジュアルのみに特化した世界。そこには女装への後ろめたさや重苦しさの感覚はない。性差を越えるための跳躍もない。

だが、かつての女装者たちは違った。八〇年代に華開いた関西の女装ルーム文化は、ゲイコミュニティから疎外されながらも、その重さを引きずりつつ、「女らしさ」を追求した。

所作、歩き方、そして生き方——。

そうしたルーム文化がいまでも根づくキタに対して、同じ関西でも、ミナミを中心に若い世代が主催する「ウルトラエクセレント」などの女装イベントでは、「女らしさ」よりも、むしろビジュアル的な交歓が重要視される。

七之助、児太郎の話であった。

女形の現在は、よくも悪くもまずビジュアルである。バイナリデータですべてがつながるポストメディウム環境では、一枚の画像の持つ拡散力が段違いにアップした。それは、かつての玉三郎が篠山紀信の写真で得たポピュラリティの延長にあるといえるかもしれない。


なぜここにきて玉三郎が喜劇性の強い世話物にこだわるのかが気になっていた。念頭にあるのは、例えば中車を相手に自らお峰を演じた七月の『牡丹燈籠』や、今回、児太郎に女房を演じさせた『赤い陣羽織』など。コントすれすれのようなコミカルな演技。しかし児太郎は『十種香』の濡衣よりもよほど、奥行きのある女であった。そこにあるのは女形のファルスともまた違う、歌舞伎の女形が持つ、大らかさや親しみやすさである。

『重戀雪関扉』での七之助による小町姫は弾んでいた。キャラクター的とすら言ってよい。しかし、結局は玉三郎の墨染《すみぞめ》に、小町桜の精に、圧倒されてしまう。ビジュアルとも、女形のファルスとも、ジェンダーやセクシャリティの議論とも異なる、抽象化された女性性のイメージ。玉三郎について多くの論者がすでに述べてきたことだ。

歌舞伎はその平面の位相で「何者にもなれ」てしまう。だからといって将棋の駒と同じで、どこででも裏返ればいいものではない。踏み台をどこに置くのか。

女形の現在を整理するだけで紙幅が尽きてしまった。

七之助と児太郎の行方を見ていこう。

どこまで玉に迫ってから裏返るのかが重要なのだ。

能楽師の美しき天然――谷本健吾

2016年2月

能面をつけた女子高生・花子の学園生活を描く、織田涼の人気漫画『能面女子の花子さん』。その第二話がこんな話だった。

「持ち物検査で花子の能面を没収した担任の北山だが、なまじ伝統文化に理解があるため能面を保護する面袋の薄さが気になってしまい……」

そう、能面を何に入れて、どう持ち運ぶのか？　という問いは一大事である。花子嬢と北山先生におかれては、ぜひ『能楽タイムズ』のウェブ連載「能の必需品」をチェックしてみてほしい。

この連載、いったい誰に向けて!?　と言いたくなるほど実用的なのだ。特に「面かばん」について解説した第二回は必読。私が同連載監修の能楽師、谷本健吾に俄然、関心を抱くようになったきっかけの回でもある。

そもそも、「能の面専用のかばん」などというものは、既製品にはない。手頃な大きさの化粧かばんやスーツケース、もしくはジュラルミンケースなどを、面のサイズや数に合わせて探すことになる。では、どこで見つけてくるのか？　谷本の解説がよかった。

「以前、映画『SEX AND THE CITY2』で主人公たちがドバイ旅行に行くシーンがあって、そこで誰かが持っていた鞄が〈面かばん〉にピッタリだなと思って……あれはどこのものなのだろうと、映画を見ながらそればかり気になっちゃいました」

思わず笑ってしまった。これ、映画のタイトルいるだろうか？　しかも『2』である。別段、面白さを狙ったわけでもない。のちに何度か話してわかったのだが、この天然さが谷本健吾なのだ。


長年、私は能をどう見ていいのかわからなかった。しかし、この観世流シテ方、銕仙《てっせん》会所属の能楽師である谷本と出会うことで、観るよすがができた。

完全に摑まれたのは、昨年五月。表参道の銕仙会能楽研修所で観た『夕顔』である。シテを務めたのが谷本だった。

『源氏物語』の夕顔の巻を題材としている。こう言ってはなんだが、たとえば半年後に同じ場所で観た『定家』などと比べてしまうと、それほど濃密な感情やドラマの編み込まれた曲ではない。

だが、私にとっては、まず『夕顔』だった。チューニングが合った。そのとき抱えていた些細な気がかりや、過去のおぼろげな記憶の束などが、夕顔の孤独や寄る辺なさと徐々に溶け合っていく。やがて僧の回向《えこう》によって迷いも晴れていき――。

「明闇《あけぐれ》の空かけて、雲の紛れに、失せにけり」

不思議だった。会場の照明は変わっていないはずなのだが、たしかに夜が白んでいく。けっして物語に没頭したわけではない。むしろ客観的に舞台を眺めていたにもかかわらず、いやそれだからこそか、私自身の迷いもまた、明け渡っていくように感じられたのだ。茫然としているうちに、気づけば舞台上には誰もいない。

これまで、すばらしい舞台をいくつも観てきたが、こんなことは初めてだ。そうか、能ではこんなことが起こるのか。

数日後、銀座のヴァニラ画廊の企画で開催された能のレクチャー講座で、谷本が『井筒』のキリを仕舞で演じるのも観た。

かつて契りを結んだ在原業平を待つ紀有常《きのありつね》の娘の霊は、業平の形見を身に付け、井筒を覗き込む。

質疑応答で、観客から谷本に質問が飛んだ。

「井筒の作り物を覗き込むとき、舞台上の能楽師にはなにが見えるのですか?」

「さあ、ホコリとか溜まってたら、イヤですねえ」

井筒の水鏡に映るもの。それを見る主体は他ならぬ観客自身である、という考え方はできる。だが、谷本の回答には、そういうポーズとも異なる正直さがあるように思えた。その身もフタもない感覚は、ユーモラスですらあった。

その後も話してみてわかったのは、能楽師とは総じてそういう考え方をする人たちだということ。中でも特に谷本は、裏表のない直截《ちょくせつ》的な感覚を旨としているように感じられる。今年二月、市川海老蔵のドバイ公演にも同行したという谷本に、ＳＡＴＣのあの面かばんを持っていったのかと聞くと、違うかばんを持っていったという情報に加え、こんなことも教えてくれた。

「いまさら気づいたんですけど、あの映画で行くのってドバイじゃなくて、アブダビだったんですよね。訂正しなきゃと思って……」

また、笑わされてしまった。どちらでもいいだろう。大切なのはそこじゃない。

重いのか、軽いのか、重力を少し見失うような谷本の感覚は、やはりユニークだ。

同じ二月、谷本がシテを務めた国立能楽堂の『三輪』では、その感覚が舞台にフィットしていた。

神なのに恋に苦しみ、僧・玄賓《げんぴん》に助けを求めるも、「いやいや、あなたは神だから」と逆に恐縮されてしまう三輪明神。人懐っこさ、チャーミングさ、と同時に、それでいて天岩戸伝説とも繋がる壮大さ。些細なものと、途方もなく巨大なものとが同居する在り方は、谷本の持ち味と共振しているように見えた。

三人の会。左から川口晃平、坂口貴信、谷本健吾　Ⓒ駒井壮介

つい先頃、谷本は、同世代で同じ観世流シテ方でもある観世宗家の坂口貴信、梅若会の川口晃平とともに、「三人の会」という会を起ち上げた。

記念すべき第一回は、六月二五日に国立能楽堂で開催される。また、谷本の幼い二人の息子も、子方として舞台に立ち始めた。その子たちが成長したとき、能はどのようなカタチになっているのだろうか。そこには当然、危機感もあるだろう。

しかし谷本は、抽象的なヴィジョンは語らない。谷本のいる場所に映り込む些細なものと巨大なもの。それを覗き見るのは、私たちのほうだからだ。

時代に揺らぐための構え――川口晃平

2016年7月

小規模な地震が続いている。先日はついに能楽堂で強い揺れを感じた。七月梅若会定式能、関東広域で震度4。『通小町《かよいこまち》』前場に緊張が走るも、揺れはすぐ収まり、努めてなにもなかったかのように上演は進行した。

翌週放送の『真田丸』二十九話では、劇中で慶長伏見地震が発生。伏見城の天守閣が倒壊する様子が描かれた。史実ではこの前日、九州で慶長豊後大地震も発生している。この時期、日本は、天正大地震（一五八六年）を皮切りに地震活動期に突入しており、慶長伏見地震の九年後には南海トラフ地震津波が、さらに六年後には慶長三陸地震津波が列島を襲い、その余波は一六二五年の熊本地震まで続いた。

となれば、阪神淡路に始まり、東北の地震津波を経た現在進行形の地震活動期を生きる私たちは、やはり来るべき南海トラフ地震津波に備える必要があるのだろう。

四月にも熊本地震の余震が続く只中で、やはり梅若会定式能を観ていた。演目は『熊野《ゆや》』だった。三ノ松で立ち止まるシテ、梅若紀彰《きしょう》。目の前の花よりも、故郷で病に伏せる老母が気がかりだ。いや、むしろ、春ばかりの花だからこそ、機会を逸することの重さが熊野にのしかかる。

揺れる日常の延長にある能鑑賞。

いずれも梅若会だったのは偶然だ。しかし、なぜか梅若能楽学院会館の能楽堂には、舞台や見所《けんしょ》にいつもざわついた感触があるのも事実。例えば国立能楽堂で観る能は、安定したフォームで揺るがない。良し悪しではない。梅若会の能楽堂で観る能では、不安定なものへの構え、「なにかが起こる」という揺らぎを感じることが多い。

梅若会所属のシテ方能楽師・川口晃平のことは、観世流の若手シテ方三人が起ち上げた「三人の会」で知った。

観世宗家の坂口貴信、銕仙会の谷本健吾、そして梅若会の川口晃平。川口からすると、「入れてもらえること自体がありがたい座組」だという。幼い頃から身近に能があり、慣れ親しみ、研鑽を積んできた他の二人とは埋めがたい差がある。客観的に見ても、それはわかる。ただ、「三人の会」関連企画などで聞ける川口の饒舌でユニークな語り口には、能を外へと開くことへの強い意志が窺えて、比較的寡黙な二人とのバランスはぴったりにも思われる。

川口が初めて能に触れたのは、高校生活も終わりかけの頃のこと。人気漫画家かわぐちかいじを父に持ち、西洋絵画に没頭していた川口は、ある日、能面の図録を見て、衝撃を受ける。そこにあるのは、西洋の近似値を目指そうとする「芸術」ではなく、自分の骨身とも響き合う日本の文化的伝統の厚みだった。

慶應大学に進学し、能楽サークルに所属。能面や装束に詳しくなり、知り合いのツテで梅若会の事務作業などを手伝っているうちに、ある日、五十六世梅若六郎こと梅若玄祥に声をかけられた。

「川口くん、能楽師にならないか？」

それは川口にとって、まったく想像はしていなかったが、自然に受け容れられる運命だった。

川口は三年前、自身のブログに「能をめぐって」というエントリを投稿した。

そこには、現役の能楽師にしか書きえない、能という芸能への愛情と、それゆえの危機意識が綴られていた。能楽師主催の能公演のほとんどが赤字であること。宣伝や事務作業と稽古の時間を秤《はか》りにかけねばならぬこと。歌舞伎のように企業運営ではなく、文楽のように国の助成もなく、世界水準の美意識を少数の能楽師たちだけで担っていること。その不安と恍惚――。

江戸時代に式楽《しきがく》として保護された能は、そのバックラッシュにより、明治に入ると衰退の危機に瀕する。この窮状を乗り越えるべく奔走し、能の復興に尽くしたのが、梅若家の初世《しょせい》梅若実《みのる》だ。能楽堂を建設し、演目を充実させ、娯楽的要素を導入。不安定な足場で守るのではなく、打って出ることで、能を延命させた。それは能を共同体の祭儀から都市の演劇としてテイクオフさせた世阿弥の、決して安泰ではなかった道程とも重なる。

個人を超えた集団であるためのシステムを洗練させてきた能だからこそ実現できることがある。伝統の幹に寄り添いながら、あやふやで不安定な時代の脈動を、能に通わせること。それは川口の師であり、現代を代表するシテ方能楽師でもある梅若家当主、梅若玄祥にも通ずる構えではないか。

地震で揺れた七月の梅若会定式能、最後の演目『舎利』では、川口がシテを務めた。鬼でありながら釈迦に惹かれ、その牙《げ》舎利（遺骨の歯）を盗んでしまう足疾鬼《そくしつき》。それを韋駄天が追っかけて奪還し、一件落着となる。この古代インドで起こった盗難劇が、時を超え、日本の泉涌寺《せんにゅうじ》でも再び繰り返される。

一畳台を挟み、天上界から下界まで駆け巡る足疾鬼と韋駄天の追いかけっこ。アクションの激しさが、足疾鬼のコミカルさを引き立てる。心の中でツッコんでしまったお前、捕まるためにやってるだろ。曽和伊喜夫《いきお》の打つ小鼓が破れた。足疾鬼の釈迦愛に、能にかける川口の気持ちが重なる。ワキの旅僧を務める御厨《みくりや》誠吾のやや俯き加減の姿勢が、まるで笑いをこらえているかのように見えてくる。エンタテインメントとしての能。不安定さをバネに弾ける、その活力に引き込まれた。

能という芸能がどう生き永らえるか。

ストイックな完璧さは必要だろう。その上で、変化や不安定さに対応するしなやかさがどのようにもたらされるのかに注視したい。

と、ここまで書いて、川口のツイッターを見ると、かつて梅若会の内弟子修業に入る直前まで弟とやっていたというバンドの音源がアップされていた。バンド名は「翁」。これが本人のコメントにもあるとはいえ、想像以上におバカなハードロックで笑ってしまった。

茂山童司の夜の匂い

2016年9月

若者に人気の月例落語会「シブラク」こと「渋谷らくご」が開催されている渋谷ユーロライブでは、やはり月例で「テアトロコント」というコントと演劇をミックスした実験公演も開催されている。

もっとも「ミックス」といっても、四組の出演者のうち、二組が芸人、もう二組が小劇場劇団といった組合わせで、それぞれが三〇分の持ち時間でネタを披露する、という微温的混交ではあるのだが。ただ、それでも長年、コントと演劇の関係を考えてきた者としては、これほど貴重な場もないのである。

今月は、芸人サイドはルシファー吉岡、ロビンソンズ、さらば青春の光、演劇サイドは玉田企画が出演。現代口語演劇の雄、玉田企画が持ち味を活かしつつ、戯曲的な構造で笑いをとっていたのが頼もしかった。

このテアトロコント、芸人側はたいてい通常営業なのだが、演劇側は対策を迫られるポイント（尺の問題など）がいくつかあるようで、その分、披露されるのは、普段とは異なるユニークな作品となるケースが多い。

ただし、こういった企画が立ち上がる背景としては、芸人サイドにこそ所以《ゆえん》がある。お笑いコントの最前線が演劇に接近しているのだ。例えば、近年の「キングオブコント」の優勝ネタを見ても、かもめんたる、シソンヌあたりは短篇演劇としても通用しそうなウェルメイド作であった（もっともその反動からか、昨年大会よりシステム変更がなされてもいるが）。もはやテレビのレギュラー番組を前提とした続き物コントでキャラクターを浸透させられる時代ではない。かといって、キャラクターに頼らず、発想のかけ算のみで勝負するコントでは薄い（この方向では漫才のほうが進化した）。

練ったシチュエーションのなかで、キャラクターもきっちりと立たせること。そのためには、観客にキャラクターの奥行きを短時間で理解させるための演技力が必須となる。そういう意味で、現代のコント師はかぎりなく喜劇役者に近づく。

ここで、コントと演劇について考えるうちに、大切な芸能を思い出さざるをえない。狂言である。

しかも狂言師による本格的なコントユニットが存在するという。それが大蔵流の狂言師、茂山童司《どうじ》（現・千之丞）主宰による「ヒャクマンベン」だ。

私が観たのは、二〇一四年の第二回公演。会場は下北沢の駅前劇場だった（シモキタがいまや「演劇の街」というよりは「お笑いの街」となっている事実もこの際、記しておきたい）。出演者は、作・演出も務める童司の他、同じく茂山千五郎家から、今年九月に当主・千五郎を襲名した正邦、さらにテレビドラマなどで俳優としても活躍する逸平の三人。

演技の質は、狂言の型から離陸し、スピード、発声など現代のそれである。ただ、黒で統一された衣裳や舞台のシンプルでスタイリッシュな誂《あつら》えは、童司が「影響を受けた」と公言するラーメンズ・マナーを踏まえつつ、狂言の簡素な空間設計にも通じるものがある。なによりユニークなのが、コントにおける演技の質やキャラクター以上に、その圧倒的な世界観である。

同公演には、「ネグレドのみじかい一生」とサブタイトルがついていた。ネグレドとは、「頭に自生する幻覚キノコを自ら食べる生物」なのだという。

このサイケデリックな設定に象徴されるように、通底するのは現実と夢の間《あわい》を漂う感覚である。

「ラッパー」という謎の競技の日本代表選手に間違われた男がニュース番組で取材を受けるというネタでは、男は競技の中身がわからないまま、それが「サッカー」の間違いではないかという疑念を持ちつつ、ニュースキャスターのインタビューを受け続ける。そこには不条理劇でありつつ、現実から半音階ずれた夢のような感覚が横溢している。マクドナルドで男が店員にハンバーガーとサイドメニューを注文する一連の流れを能掛りで見せるネタに至っては、時空間が歪んでいく。

いずれも爆笑コントでありながらも、日常の「あるある」や、人なっこさをひっぺがした先に、ふと見え隠れする不安な相貌がある。その表情に宿る闇夜の笑いは、例えばかもめんたるのコントに登場する話の通じない奇妙な隣人や、巨匠のコントを支える一見普通でいて、中身はダークファンタジーの成分で構成されている仕事先の上司などの描写にも通じる。

今年八月、国立能楽堂の納涼茂山狂言祭で、やはり童司作のこちらはモロに狂言な新作「今際《いまわ》の淵」も観た。狂言の型に則《のっと》り、未来の古典たることを目指した新作を上演するという、コンセプトからしてヒャクマンベンとは真逆の「マリコウジ」という企画で初演された新作狂言だ。

淵にやってきた二人の男。ともに自殺志願者である。一人は女房に逃げられた大店の主人。もう一人は借金で首の回らなくなった若い男。二人して境遇を打ち明けてみれば、主人は若者に金を用立ててやると言うし、若者は主人に女は他にいくらでもいると言う。つまり、どちらも死ぬ必要はないのでは？　と。そこへ恋人である若者を追ってきた一人の女。これがなんと、実は主人の失踪した妻なのであった——。

シンプルな構造、台詞に、型の強さを思い知る。と同時に、金と自由をもって自殺を笑い飛ばすという現代の摑み方に、喜劇作家の技がある。

言うまでもなく、演劇と笑いの関係はスリリングだ。特にコントについて考えるのであれば、現行曲だけでも二百番以上ある狂言の存在を無視するわけにはいかないだろう。茂山童司の生み出すコントや狂言を観ると、そう思わざるをえない。

勘九郎の覚醒したトーン

2016年12月

音楽に乗せて身体を揺らすことはある。例えばクラブで、ライブハウスで。日常で足拍子を取ることだってある。誰でもそうだろう。でも、だからといって自らも身体を揺らす者である、という延長でダンスや舞踊を捉えるのは難しい。むしろほとんどの場合、私たちは客席でじっと身をかがめて、踊り手の身体を見つめるからだ。踊り手の身体と観客の視線の交錯によってはじめて、ダンスや舞踊の本質は浮かび上がってくる。

それにしても、日常生活において私たちの身体はどんどん固くなっていく。製造業であれ、サービス業であれ、都市生活者の仕事の多くは、モニターの観察である。スマホやPCの画面を経由したコミュニケーションも増えた。誰かと繋がったり絶交したりした記憶は、もはやスワイプした人差し指に宿るのかもしれない。

静かな身体に降りかかる情報の洪水。この構造は「夢」に似ている。

VRは私たちに新たな身体経験をもたらすと言われるが、その技術の核心にあるのも、やはりモニターを通した視覚、それも〝誤認識〟だ。社会の底が抜けたポスト・トゥルース時代。私たちは集団で微睡《まどろ》んでいる。

それでも身体の確かさにおののく瞬間もある。例えば、服を着たり脱いだりするとき、私たちは自らの身体の固有性を意識せざるをえない。

あうるすぽっとで観たスザンネ・リンケ構成・振付のダンス公演『ドーレ・ホイヤーに捧ぐ』は三部構成で、ドーレ・ホイヤーの作品を再構成した第一部「人間の激情」も素晴らしかったが、第二部の「アフェクテ」と題された男女ペアのダンスが強烈だった。

それぞれ上手と下手から半裸に近い姿で疾走して飛び込んできたダンサー二人は、舞台中央に置かれたハンガースタンドに吊されたスーツとドレスを着込むと、激しく踊り出す。さらに、互いの服を引っ張ったり、脱がせたり、脱いでいる途中でこんがらがったり。そのすったもんだは、まさに愛憎や嫉妬にまみれた男女関係そのもの。「身に覚え」という言葉を字義どおりに味わった。


翌週、歌舞伎座の十二月大歌舞伎、第三部は舞踊の二本立てで、その一本が坂東玉三郎と中村勘九郎による『二人椀久《ににんわんきゅう》』だった。振付は二世藤間勘祖。

背景の物語はこうだ。

大坂の豪商・久兵衛は、新町の傾城《けいせい》・松山太夫に入れあげ、放蕩のあまり座敷牢につながれてしまう。久兵衛は松山を想うあまり発狂し、牢を抜け出して彷徨う。やがて、久兵衛が辿り着いたのは松の大樹のある薄暗い浜辺だった――。

杵屋勝四郎と勝国による長唄がより静寂を強調する中、勘九郎扮する久兵衛が微睡《まどろ》んでいると、後方の暗闇に、セリから上がってきた玉三郎扮する松山の姿が浮かび上がる。その息を呑む美しさ。まさに「夢」の女だ。

この演目のスタンダードともいえる五世中村富十郎、四世中村雀右衛門による『二人椀久』の映像では、富十郎の久兵衛がここで少し驚いたような仕草を見せる。しかし、勘九郎の久兵衛は驚くでもなく、背後から寄り添う松山の手に、そっと手を重ねる。「ああ、そこにいたのか」とでも言うかのように。その手の接触は、むしろ狂おしいほどの久兵衛の孤独を伝えてくる。

が、この久兵衛、自らが夢を見ていることを悟っているような気がしてならないのである。

勘九郎は幻想に狂っていない。生きて、覚醒している者の佇まいなのだ。一方で、玉三郎の松山は儚《はかな》いまでに幻影として、そこにいる。

ゆえに、この『二人椀久』は、現実を一時忘れる夢の甘美さではなく、夢の側から現実の孤独を突きつけてくる。

先の富十郎・雀右衛門の映像を見れば、この舞踊のキモが羽織のやりとりにあることがわかる。

松山が椀久の羽織をまとって踊る。題名の「二人」たるゆえんである。

「君が定紋《じょうもん》　伊達羽織《だてばおり》　男なりけり又女子《おなご》なり　片袖主《ぬし》と眺めやる」

女が男物の羽織をまとう。男にとっては遊女を独占する証であり、同時に女にとっては、男物をまとうちぐはぐさが愛おしさに転じる。

終盤に引用される能の謡曲『井筒』の詞章が、ここで効いてくる。『伊勢物語』での在原業平と、紀有常の娘の恋を下敷きにした曲である。後シテ演じる女の霊が、待ち続けた男の形見の冠と直衣《のうし》をまとう。愛した男の肌に触れる感触。井戸を覗けば、そこには自らの姿が男の面影と重なって映る。

「アフェクテ」の男女がお互いの服を脱がせあうような対峙ではない。ここでは、衣服を通して男と女が溶解する。

だがより重要なのは、そこにある「遊び」の感覚である。井筒の周りで遊んだ幼馴染みの無邪気さが、『二人椀久』においては遊郭での狂騒へと転化する。そして当然ながら、「遊び」の記憶ほど切ないものはないのである。

しかし、今回の『二人椀久』、勘九郎の久兵衛は松山に羽織をかけない。逆説的だが、そのことで玉三郎の松山は、より幻へと近づく。当然、松山の引っ込みはスッポンとなる。

ひとり残された久兵衛が、松の枝に掛けた羽織を手にとる。その手触りをたしかめながら、久兵衛はこの夢そのものに充足しているかのようだ。

勘九郎はやはり生きている。この救いのない夢の中から、生へのベクトルを砂金のように掬っている。

三階席で観ていた私は、途中、久兵衛の目となり、広い歌舞伎の舞台から、客電の落とされた三階席の暗闇を見つめている錯覚を抱いた。大向こうもかからぬ静けさのなかで、舞台から自らを見返した。

舞台への陶酔ではなく、覚醒を促される経験。それはいまの私に必要なものだった。

藤間勘十郎のエディット感覚

２０１７年３月

歌舞伎には本来、演出家というポジションは存在しない。座頭の俳優が大まかな方向性を示しつつ、多くは稽古における申し合わせのようなかたちで決まっていく。これは歴史性に支えられた歌舞伎の面白さでもある。

だが、古典／新作にかぎらず、歌舞伎がその現代性をブーストさせようとする際には、もう少し踏み込んだディレクションが必要となってくる。

例えば、外部から演出家を招聘するやり方があるだろう。近年で言えば、串田和美や野田秀樹、宮藤官九郎らがいる。最近も歌舞伎ＮＥＸＴ『阿弖流為《アテルイ》』におけるいのうえひでのりの仕事が光っていた。

同時にそれは、故中村勘三郎や市川染五郎（現・松本幸四郎）といった座頭俳優との連携あっての賜物でもあるわけで、時には座頭俳優自身が、「スーパー歌舞伎」を創造した三代目市川猿之助（現・猿翁）のように従来の歌舞伎の枠組みを超えたディレクションを発揮するケースもある。

古典から新作まで、あらゆるエンタテインメント領域に歌舞伎の種は散らばっている。いずれにせよ言えるのは、歌舞伎内部の人間がその可能性を一番よくわかっている、ということだ。

声優仕事を通じて絵本『あらしのよるに』と出会った中村獅童は、『四ノ切』のイメージを経由しつつ、「この物語は歌舞伎になりうる」と直感した。そして、ある歌舞伎俳優がそう思い立つとき、いま最も頼りになる人物の一人といっても過言でないのが、日本舞踊の宗家藤間流家元、藤間勘十郎である。

実際、『あらしのよるに』もこの男の演出方針を軸に、見事、新作歌舞伎へと変貌を遂げた。

幼少期から祖父である二世藤間勘祖に学ぶことで古典を知悉《ちしつ》した勘十郎は、今では歌舞伎舞踊の振付から演出、作曲までをマルチに手がける。その柔軟さにもまた、歌舞伎から商業演劇、新派にまで関わった祖父の影響が窺える。

絵本からオペラ、果ては初音ミクまで歌舞伎にしてしまう勘十郎だが、先頃、神奈川芸術劇場で上演された舞踊公演『続・新説西遊記』は、うら若き歌舞伎俳優たちによるチャレンジ企画だからこそ、そのディレクション術を堪能することができる好企画だった。

昨年の『新説西遊記』に続き、中心となる出演者は、孫悟空に中村梅丸（現・莟玉《かんぎょく》）、猪八戒に中村鷹之資《たかのすけ》、沙悟浄に中村玉太郎、そして三蔵法師に日本舞踊の尾上流家元、尾上菊之丞。

前回は梅丸が大活躍したが、今回は鷹之資と玉太郎の見せ場がたっぷりだ（ちなみに梅丸は同公演から歌舞伎座の『助六』へとハシゴ出演。たいしたものだ）。特に鷹之資がいい。踊りから滲み出るどこか愉快な空気は、舞踊の名手であった父、五代目中村富十郎を彷彿とさせつつある。そして、誰よりもなによりもイキイキと楽しそうなのが勘十郎その人である。鹿背杖《かせづえ》を手に暴れまくり、見得をする。飛び交う「ご宗家！」の大向こう。

実際、重要なポジションである。勘十郎自ら演ずる敵役こそが、この『西遊記』と歌舞伎の世界をつなぐのである。

例えば、前回公演であれば『土蜘蛛』や『山姥』、今回は『双面《ふたおもて》』や『道成寺』といった演目のパーツが、勘十郎の役どころを通して、巧みに織り込まれている。歌舞伎ファンなら他にも様々な引用を発見できるだろうし、たとえ元ネタ知らずの観客でも、いつのまにか歌舞伎の魅力に触れているという仕掛けだ。

観客だけではない。若い俳優たちにとっての教育的効果すら、勘十郎は視野に入れているはずである。

三蔵法師に対してそれぞれ愛憎を持つ青袍怪《せいほうかい》と赤袍怪《せきほうかい》の兄妹が、妖しく合一を果たす場面。ほぼ〝素〟の拵えのまま、勘十郎は、踊り手とキャラクター、セクシャリティ、歌舞伎演目の断片など、様々な要素を官能的に掛け合わせる。このミックスの巧みさ、編集セ

藤間勘十郎

ンスはどこからくるのだろうか。もしかしたら幼少期より親しんだ能の影響も大きいのではないか。

勘十郎の父にして能の人間国宝、梅若玄祥がアテネの演劇とコラボして新作能を作るドキュメンタリーを見たことがある。そこで玄祥は、『オデュッセイア』の中でオデュッセウスが亡き母と対面する場面を稽古するにあたり、「そこは『隅田川』の型で」と、巧みにパーツを引用する指示を出していた。

さらに言えば、松羽目物《まつばめもの》の例を出すまでもなく、歌舞伎の演目自体、能をはじめ、他ジャンルから多くの素材を導入している。しかし勘十郎のミックスのスムーズさはどうだ。「踊り」というのりしろが利いている。

つなぎとしての舞踊。ターンテーブルのように、そこではピッチやリズムを揃えるような作業が行われる。古典への膨大な知識や演出の引き出しの多さは、まさしく熟練ＤＪのそれである。

昨年夏、歌舞伎座で開催された『藤間会』に、二日間にわたり流儀を超えて錚々たる出演者たちが集った。そのセットリストからして、洗練された編集センスを感じたものである。トリの歌舞伎十八番『蛇柳《じゃやなぎ》』では、押し戻しの海老蔵を前に、素の拵えのまま蛇柳の精の正体を現す勘十郎の華麗な踊りに見とれてしまった。

その一方で、鷹之資、玉太郎をはじめ十代若手の勢揃いとなった『乗合船』も印象に残った。上記二人に加え、片岡千之助、松本金太郎、林ももこ、渡邊愛子、河野菜緒が出演。さらに坂東侑汰が父・亀三郎に手を引かれ初お披露目を果たす。

皆、緊張でガチガチだが、その初々しさと、隅田川に浮かぶ舟に乗り合わせた客人たちの芸づくしというコントラストが利いている。広い歌舞伎座の舞台上にたまたま乗り合わせた体《てい》の若者たちの並びに、歌舞伎の未来を想うご宗家の、鮮やかなエディット感覚を見た。

海老蔵親子の超魔術的な真空

2017年7月

今年の海老蔵をふり返れば、まずその散華の様が目に浮かぶ。

例えば正月、新橋演舞場の『義賢《よしかた》最期』。戸板倒しも、仏倒れも、スロウモーションのように映るほど濃密なエレジーを湛えていた。あるいは、團菊祭五月大歌舞伎『伽羅先代萩《めいぼく》』。全体的にピリッとしない芝居の中、海老蔵の仁木弾正《にっきだんじょう》は、出来不出来を超え、終始不穏な影——死相を浮かべ、刃傷の場に至り、すべての帳尻を合わせるようにこと切れるのだった。

時代物だけではない。三月、歌舞伎座の『助六由縁江戸桜《ゆかりの》』。その出端に、滅びの予感が差し込む。敵討ちを秘めた曾我五郎のやつしであることを、この段階で意識してしまう。こんな助六は、海老蔵では初めてだ。

ここで舞台を降りた海老蔵の私生活を云々する必要はない。それは、舞台から彼の人生を排することを意味しない。二〇一〇年の殴打事件、歌舞伎座新開場目前に起きた父・十

市川海老蔵　撮影：文藝春秋写真部

二代目團十郎との死別も、そして今回、妻の早世も、海老蔵に降りかかる出来事に、歴代の團十郎たち――市川宗家の宿命を感じとるのは自然なことである。

正月の新橋演舞場を思い出してみれば、海老蔵は一人きりではなかった。『義賢最期』は澤瀉屋一門に支えられ、以前に澤瀉屋型の『四ノ切』を教わったという右團次の襲名披露にも並んだ。この襲名自体、海老蔵のサジェストがあったとも言われる。市川宗家と澤瀉屋の関係には一方ならぬものがあるが、このときの海老蔵には、猿之助がルフィを当たり役としたワンピース歌舞伎のごとき、流浪の一味としての貴種流離譚の風情さえ漂っていた。

シアターコクーンでの自主公演『石川五右衛門〜外伝』にもまた、その右團次らに加え、非歌舞伎俳優である前野朋哉や山田純大がテレビ版からの流れのまま加わることで、チーム五右衛門の趣きが漂っていた。大詰では、舞台上手に「壽東京五輪祭賑」の文字。「絶景かな」と台詞を廻す海老蔵には、五輪の真ん中よりも、祝祭に浮かれ興じるであろう民衆の側が似合っている。


この五右衛門公演の途中に、病床の妻が逝く。

しかし休む間もなく、翌七月、海老蔵は歌舞伎座に出ずっぱりだった。私が昼の部を観たのは幕開け四日目、七月六日。

『盲長屋梅加賀鳶《めくらながやうめがかがとび》』の喧嘩にはやる加賀鳶たちのツラネには、黙阿弥執筆当時ですら失われつつあった江戸の粋がパッキングされている。が、彼らを宥《なだ》めつつ、終いには自らを殺してから行けと言い放つ海老蔵の梅吉は、江戸の粋をさらに大きく包む。海老蔵もう一役、盲人のフリをした悪党の按摩・道玄は、非道でふてぶてしく、お茶目で剽軽。世の気がかりなど、いっさい吹き飛ばしてくれるのだった。

続く『連獅子』。海老蔵の父獅子は、巳之助の端正な踊りで、賦性としての雄大さがより際立つ。ともに背景を思えば深読みのできる演目だが、舞台は澄み切っていた。二人の呼吸で空間が満たされる、その清々しさを味わった。

四日後、七月一〇日には夜の部を観た。

海老蔵はすでに、遠目にもやつれていた。顔も赤黒い。

夜は通し狂言である。海老蔵の肝煎りで生まれた『駄右衛門花御所異聞《はなのごしょ》』。日本《にっぽん》駄右衛門といえば『白浪五人男』だが、本作のもとになるのは、さらに古い『秋葉権現廻船語《かいせんばなし》』。海老蔵に依頼された補綴・演出の四名は、古典から現代のテクノロジーまで取り入れることで、この作品を言ってみれば「澤瀉屋的」に復活させた。

発端、海老蔵二役。月本家の家宝である古今集を盗もうとする駄右衛門と、月本家家老の弟、幸兵衛。二人は斬り合い、駄右衛門は二の腕に傷を負う。

さらに駄右衛門は秋葉権現の三尺棒をも盗み出し、亡者を操る妖術を手に入れる。動く亡者とはすなわちゾンビだ（ちなみにこの直後にジョージ・A・ロメロの訃報が届いた）。すでに宮藤官九郎の『大江戸りびんぐでっど』の先例もあるが、こちらもまたモダン・ゾンビの美学に即している。三尺棒の妖術は、亡者の個性をすっかり剝ぎとるのだ。月本家のために切腹した中車演じる玉島逸当《いっとう》も、術に操られ、弟の幸兵衛に襲いかかる。いつだってそう、最も恐ろしい瞬間は、親しい人間がゾンビとなることで訪れるのだ。

この地獄絵図を救済するのが、秋葉大権現。海老蔵の三役目である。花道を駆け出てくる権現の使わしめ・白狐を演じるのは、息子の堀越勸玄《かんげん》だ。


江戸中期、四代目團十郎は役者同士の演技の研究会「修行講」を主宰した。

この集まりで『忠臣蔵』五段目の斧《おの》定九郎について議論になった際、息子の五代目團十郎が山賊風の衣裳を浪人姿風に変えてみては、と提案したが、それを聞いた父は、こう告げたという。

「それは人の悪き武家の生写《しょううつし》といふものなり。團十郎は左《さ》はせぬものなり」

團十郎はそのようなことはしない、と。

後に落語の『中村仲蔵』で知られる浪人風定九郎誕生の逸話は、仲蔵が、修行講でのアイデアを五代目の了承を得てもらい受けた、というのが本当のところらしい。ただし、五代目はそのことを公言せぬように口止めした。なぜなら、「團十郎は左はせぬもの」だから。

市川宗家の芸とはどのようなものか。

もちろん荒事のメソッドはある。だが、技術だけではない、より超越的なものへのアクセスはどう果たされるのか。成田山信仰は一部にすぎない。エンタテインメントであり、かつ有り難いもの。ここに、役柄でありながら本人でもある歌舞伎という芸能の特異性が滲み出てくる。

秋葉大権現は日本駄右衛門を討つために、白狐とともに宙へ舞い上がる。二人を支える剝き出しのワイヤーこそが重要だ。観客は一瞬、固唾を呑む。見たままに受け取れば、海老蔵親子は空を駆け、海老蔵自身を討ちにいくのだ。

超魔術的な真空に、嵐のごとき拍手が吸い込まれていった。

超歌舞伎が生んだ祝祭的空間

2016年4月

舞台芸術全般に言えることだが、映像で見た場合、その魅力は生の観劇よりもどうしても落ちる。ただ、舞台をハナから独立した映像作品として見せるべく撮影編集されたものとなると、話は違う。

シネマ歌舞伎もそのような試みの一つだろう。劇映画並の画質と音響、緻密な編集がもたらす迫力は、単独の作品として味わうことが可能だ。

最新作となる『歌舞伎ＮＥＸＴ 阿弖流為』を試写で見た。昨年、新橋演舞場で上演された舞台が元となっている。

劇団☆新感線のいのうえひでのりと中島かずきのコンビは、ケレン味たっぷりな「いのうえ歌舞伎」と呼ばれる一群の作品を生み出してきた。市川染五郎（現・松本幸四郎）からのラブコールを受け、ついに歌舞伎俳優を迎えた同作。舞台では、主演の染五郎、中村勘九郎、中村七之助を中心に、俳優たちが、疾走感溢れる新感線流と伝統的な歌舞伎の演出を自然と行き来しているのが印象に残った。例えば、染五郎と勘九郎の高速殺陣も、要所要所、歌舞伎風にスロウとなり、また元の速度に戻る。この時点ですでにクローズアップ効果が舞台上で実現している。

シネマ歌舞伎が面白いのは、そうした舞台ならではの演出を映像的に強調することで、生の観劇に勝るとも劣らない臨場感を実現しようとする点だ。シネマといっても、ストーリーを映画風に見せることに主眼が置かれているわけではない。会場の一等席とも異なる、特等席の視点を生み出そうとするのだ。

ほぼ同時期に、幕張メッセのニコニコ超会議で上演された超歌舞伎『今昔饗宴《はなくらべ》千本桜《せんぼんざくら》』のニコ生配信も見た。こちらもまた、そうした映像的臨場感とは異なる歌舞伎映像の可能性を十二分に感じさせるものだった。

ボカロ曲のアンセム「千本桜」と歌舞伎演目「義経千本桜」をミックスした世界観がまず絶妙だ。狐忠信の中村獅童と、美玖《みく》姫こと初音ミクが、澤村國矢演じる青龍の精から千本桜の花を守るべく激闘を繰り広げる。忠信は、実は太古・神代の時代には白狐、大正百年には海斗（「千本桜」のキャラクター）として転生するという設定で、これらの時代を繋ぐアイテムがご存知、初音の鼓。「初音」という言葉の符合が楽しい。脚本は歌舞伎サイドから、既存演目の再構成を得意とする松岡亮。

私は二日目の第一回公演を生配信で見たのだが、冒頭、舞台後方の透過スクリーンに姿を現した初音ミクの口上に対して、「初日よりも上手くなっている」とコメントが流れるのを見て、初日公演の録画放送も確認してみた。一晩でチューニングが施されたのだろう、たしかに二日目のほうがスムーズである。「隅から隅までずいーっと、こいねがい上げ奉ります」といった言い回しもこなれている。リップシンクも見事だ。

背景にCG映像を配し、回想や戦闘シーンを見せながら、連鎖劇の要領で映像と舞台を繋ぐ。AR（拡張現実）であるミクがその境界をシームレスに行き来するのはわかるが、歌舞伎陣もまた、無理がないのに驚かされる。

舞台は、六方や見得、毛振り、梯子を使った立ち回り、衣裳や小道具に至るまで、初心者にもわかりやすい見た目派手な要素を中心に、伝統的な歌舞伎の手法で貫かれていた。気づかされたのは、「省略と誇張」を旨とする歌舞伎は、実はデジタル世界と相性抜群だということ。

獅童とミクによる官能的な二人舞。振付は藤間勘十郎である。ミクの場合、それすなわちモーションキャプチャの「中の人」を意味する。勘十郎は苫舟《とまぶね》のペンネームで音楽も担当。そう言えばこの鬼才は、KAAT（神奈川芸術劇場）での若手舞踊公演でも、歌舞伎の実験的拡張を飄々とこなしていた。

なにより素晴らしいのが獅童だ。知名度もさることながら、腰の入ったキャラクター力というか、ボカロ世界との親和性について謎の信頼感があるのだ。

つい背景説明に言葉を費やしてしまったが、映像として語るべきはニコ動のコメント機能だろう。

「萬屋」「初音屋」などコメントで流れる大向こうには、「電話屋」（技術のＮＴＴに）、「モフモフ屋」（白狐の人形に）といったユニークなものも。「紀伊国屋」の大向こうが國矢にこれほど飛ぶことも珍しい。見事なまでの敵役の迫力で、ニコ生ユーザーの心を掴んだ。結果、門閥外の役者でも惜しみなく賞賛が飛ぶという、胸の熱くなる光景が生まれた。また、國矢が手に持つ鹿背杖に対して「セルカ棒」とのギャグコメントが流れると、あれは「人外のものが持つ棒」だとすぐに解説コメントが被さる。そんな対話式イヤフォンガイド的なコメント交流も、活発に行われていた。

終盤、獅童の「ニコニコユーザーのコメント得て力いやます上からは」「あまたの人の言《こと》の葉《は》を力として、千本桜に花を」というセリフが伏線となり、視聴者がコメントを使って画面に桜を咲かせる展開が訪れる。「＊❀。＊。・✿❀。＊」「８８８８８８」などピンク色のコメント弾幕が、桜吹雪となって画面を埋めつくす。

会場でも観客が立ち上がり、ピンクのサイリウムを振っている。

ここまでで約一時間強。同時期に観客参加型の「応援上映」で盛り上がっていたキンプリこと劇場アニメ『KING OF PRISM by PrettyRhythm』の尺もやはりそれぐらいであったことを思い出す。

この新しい歌舞伎が生み出した祝祭的で饗宴的な空間は、いまよりも遥かに客席との親《しん》炙性《しゃせい》の高かった江戸歌舞伎に接近しているのではないか。

n次創作文化、高圧縮の物語としてのボカロソング、現代の文楽人形とも言える初音ミク――親和性もさることながら、その熱狂にこそ歌舞伎更新の潜在力を感じる映像配信だった。

夏の夜の歌舞伎座殺人事件

2017年8月

高円寺で珍しいライブを観る。歌舞伎の小道具、大道具その他、裏方スタッフが出演する企画ライブだ。その名も「ウラカタ」。一部、歌舞伎俳優も出演。半ば身内の催しゆえ詳細は避けるが、トリで登場した坂東巳之助（g）、市川左升《さしょう》（b）、中村松江（dr）に本職のラッパーをゲストボーカルに迎えたバンドは、さすがに華があった。そして、終演後は速攻で撤収し、打ち上げもなく、明日の公演に備えて帰宅する出演者たちに、プロの背中を見た。

その「明日の公演」でもあった歌舞伎座の八月納涼歌舞伎は、今年も見所が多かった。元を辿れば、亡き中村勘三郎と坂東三津五郎の尽力により始まった夏のプログラム。若手中心に三部制で、という枠組が攻めの公演を可能にしている。

第一部は長谷川伸作の『刺青奇偶《いれずみちょうはん》』。冒頭、海に身投げを図ろうとするお仲役、中村七之助の発声が、あまりにも玉三郎似で息を呑むレベル。その声は、俳優本人から少し浮かんだ場所を漂いながら届く。女形の秘技が少しずつ七之助に手渡されているのを実感した。

お仲を救って所帯を持つも、博打で身を持ち崩す半太郎を演じるのは市川中車だ。玉三郎に「歌舞伎を忘れなさい」とアドバイスを受けたという中車は、七之助の宙づり感とは対照的に、大地を低く這いずり回る。最後は命懸けの丁半博打。生前、勘三郎は中車について、「こういうの（『刺青奇偶』）で彼は力を発揮するだろう」と予言したそうだ。たしかに現代劇で培ったメソッドと歌舞伎の型とを行き来する中車の存在は、西洋翻訳劇との緊張関係下にあった「新歌舞伎」の旨味をより際立たせていた。

第二部では『歌舞伎座捕物帖《こびきちょうなぞときばなし》』に触れておきたい。昨年、市川染五郎（現・松本幸四郎）と猿之助の弥次喜多コンビで上演された『東海道中膝栗毛』の続篇となる。

前回に続き構成に抜擢されたのは若き演出家、杉原邦生。前回は二人をラスベガスにまで飛ばしたが、今回は旅をさせずに歌舞伎座にとどめ、劇場のバックステージまで見せるというアイデアを舞台上に実現してみせた。

冒頭から澤瀉屋のお家芸、『四ノ切』をめぐる劇中劇が繰り広げられる。珍しく赤姫の拵えの巳之助や、狐忠信の中村隼人らと、黒衣に扮した染五郎・猿之助のやりとりも倒錯していて可笑しい。

そんななか、舞台上で殺人事件が発生。凶器は一本の釘のようだが、本来、舞台には「釘一つ、落ちていないはず」。この裏方への信頼感がポイントとなる。そこから逆算して判明

『東海道中膝栗毛　歌舞伎座捕物帖』。市川染五郎（現・松本幸四郎）演じる弥次郎兵衛　Ⓒ松竹

するのが、狐忠信の〝出〟の仕掛けをめぐるトリック。推理のプロセスで、結果的に猿之助が歌舞伎座のド真ん中で『四ノ切』をこれでもかと擦《こす》ってみせるところにも、本作の意義がある。

前回は『阿弖流為』『ワンピース歌舞伎』といった小ネタが仕込まれたが、今回も『金田一少年』『古畑任三郎』など次々と織り込んでくる。このゆるさは、いっそ俳優祭にこそ相応しいが、笑也の天照大神登場から弥次喜多の宙乗りへ、というお約束のスケール感は、立派に歌舞伎の祝祭性を体現している。このシリーズは来年以降も定番となりそうだ。

杉原邦生は、時同じくして、主宰する劇団KUNIOの本公演『夏の夜の夢』の演出も手がけていた。

言わずと知れたシェイクスピア劇。劇場は池袋あうるすぽっとである。

桑山智成の新訳を採用し、リズムをより重視した台詞回しは、時にラップのMCバトルにまで発展。同時に、そこには歌舞伎の七五調のような響きも感じられた。

『夏の夜の夢』は妖精による魔法のかけ違いから巻き起こる一夜の喜劇であり、そこでは複数の物語が交錯する。その一つ、領主の結婚式で寸劇を披露する職人たちのドタバタ感は、『歌舞伎座捕物帖』にも通じている。「魔法の効果によりかかりそめの恋愛感情に翻弄されていた男女が、職人たちの拙い劇中劇をツッコミを入れつつ観劇し、さらにその模様を、客席から私たちが見つめる」——という入れ子構造は、必然的に客席をも俯瞰するさらなる視点、見えぬ力の存在を感じさせる。それをあえて言葉にするならば、「運命」というものだろう。

するとまた思い出されるのだ。染五郎の息子で来年襲名を控えた金太郎（現・市川染五郎）と、中車の息子である團子《だんこ》。この子役二人は『歌舞伎座捕物帖』の影の主役なのだが、團子が甲高い声で言うのだ。

「私もいつか『四ノ切』をやってみたい」

この台詞を受けて、猿之助が「こちとら十年、二十年かかってんだよ！」と大げさに詰め寄り、爆笑が起こる。

このとき、観客の多くは知っている。当の猿之助自身も、かつて幼少期の折に先代の『四ノ切』の宙乗りを見て、「ぼくもいつかああなるの?」と無邪気につぶやいたことを。

納涼歌舞伎・第三部『野田版　桜の森の満開の下』は、まさに見えぬ力に導かれる芝居だった。

野田秀樹にとっては遊眠社時代からの代表作だ。「いつか歌舞伎に」という勘三郎との約束は、玉三郎の声を持つ七之助の夜長姫《よながひめ》とともに果たされた。

三人の匠が登場する。勘九郎の耳男《みみお》、染五郎のオオアマ、市川猿弥のマナコ。全員ニセモノだが、耳男は夜長姫への愛憎を力に、蛇の生き血を使って彫り物を完成させ、ホンモノへ近づく。オオアマは大王となり、国境を定め、外側に住まう者を鬼として征伐していく。

鬼と宣告された耳男は、夜長姫の手をとり、駆け出す。同時に、言葉も転がってゆく。決めの美学とは反するが、むしろ耳男は「歌舞伎」を振り切るかのように疾走する。それでも桜の森の満開の下、耳男が夜長姫を殺す場面の儚く切ない造形美は、どこまでも歌舞伎なのだ。

あらゆる場所に線引きの誘惑がある。しかし歌舞伎は、裏も表もメビウスの輪のように繋げてしまう。どこにいてもどこへでも気づいたら繋がっているというだらしなさ。歌舞伎こそ最強のポップカルチャーかもしれない、と思えたひと夏の夜。

シネマ歌舞伎『東海道中膝栗毛』
『東海道中膝栗毛 歌舞伎座捕物帖』
Blu-ray（2枚組）発売中　8,800円
（税別）　発売・販売元：松竹

夢を生きる与三郎——中村七之助

2018年5月

渋谷駅のガード下、グラフィティの前に輩が三人——二〇一四年、『三人吉三《きちざ》』のポスターを見たとき、コクーン歌舞伎のなにかが変わったと感じた。

それぞれフーディ、革ジャン、ジャケットを羽織った中村勘九郎、七之助、尾上松也は、夜のセンター街にたむろしていても違和感がないだろう。実際の舞台ではみな歌舞伎の拵えをしていたのだが、しかし、そういうことなのだ。不良性感度は永遠に不滅。『三人吉三』の時代は幕末。地震や飢饉に見舞われながら、貧しさにあえぐ若者たちはアウトローとなり、破滅へと走る。ニューシネマ的だが、演出助手を務めた長塚圭史が得意とするアングリー・ヤングメンなざらつきも加わっていたかもしれない。故・勘三郎と串田和美の盟友関係から誕生したコクーン歌舞伎は、あきらかにこの公演で新しいフェーズに入った。串田は、時を駆ける若者たちと伴走することに決めたのだと思った。

そして今年のコクーン歌舞伎『切られの与三《よさ》』の補綴に、串田は木ノ下歌舞伎の主宰、木ノ下裕一を招聘する。歌舞伎の原典に寄り添いながら現代性をブーストすることを持ち味とする木ノ下は、今回、先行作品となる講談や落語からもパーツを導入し、瀬川如皐《じょこう》を立作者とする原作『与話情浮名横櫛《よわなさけうきなのよこぐし》』の再構成を図った。

現行の歌舞伎では、主人公の与三郎とヒロインお富の出会いとなる「見染め」と、他人の妾・お富との密通がバレて全身を滅多斬りにされた与三郎が、数年後、お富と再会する「玄冶店《げんやだな》」（「源氏店」という設定の時も）の場面がよく上演される。実際、私はこの二場以外を観たことがなかった。また、本作を観たことがなくても、春日八郎が歌う「死んだはずだよ、お富さん」の一節なら知っている人は多いだろう。

今回の『切られの与三』の冒頭、三人の講釈師が与三郎の来歴を語る。それぞれ微妙にディテールが異なるが、なんらかの事情があって与三郎は江戸を離れ、木更津へとやってきたことは共通する。きっとそれは与三郎の本意ではなかったであろうことも。そのことで、与三郎にとって「江戸」は特別な場所となる。

与三郎を歌舞伎で初めて演じ、当たり役とした八代目團十郎の実父、七代目團十郎もまた、天保の改革で江戸を追放されている。美男子で愛嬌もあり、父のいない江戸で人気を博すようになった八代目は、しかし、父のしがらみに巻き込まれるなか、巡業先の大坂で謎の自死を遂げる。

夢を生きる与三郎――中村七之助

コクーン歌舞伎『三人吉三』。尾上松也演じるお坊吉三、
中村勘九郎演じる和尚吉三、中村七之助演じるお嬢吉三　Ⓒ明緒

若旦那のイノセンスとチンピラとしての凄みを行き来する与三郎の人物造型には、どこかそうした八代目の危うさも刻印されている。

そこで七之助の与三郎だ。

幸せな光景に微睡んでいることが許されない七之助の与三郎には、勘九郎がよく見せる「あがき」の迫力とも異なる、芯の強さが感じられる。一方で、梅枝のお富がまた不思議な存在感だ。赤間別荘でも玄冶店でも和泉屋でも、会うたびに別人のようなのである。それでいて、観ている私たちには同じ状況をループしている感覚もある。この二人の出会いと別れに、Dr.kyOnによるジャズの生演奏が浮遊感をもたらす。

ああ、この感触には覚えがある。

夢だ。

歌舞伎の劇場の間口よりも狭く、プロセニアム型の舞台に建て込まれた、抽象度が高く、箱庭構造の舞台美術が、よりその感覚を際立たせる。

与三郎が何度お富に辿り着いても、物語は「解決」に至らない。講談や落語には、終盤、変わり果てた与三郎に、「もう楽になってくれ」とばかりにお富がトドメを刺す演出がある。あるいは歌舞伎の原作では、お家騒動に絡み、ある男の生き血と毒薬を調合したクスリによって、与三郎の傷が平癒する、という展開も書き込まれている。だが、本作では、クスリを手にしながら与三郎はそれを拒否するのだ。

すべて「解決」するならそれは寓話である。しかし、夢であれば、物語の「解決」は事態の収束を意味しない。

確認しておきたいのは、与三郎は「傷を負った悲惨な人間」ではない、ということだ。傷に象徴的な意味を読む必要もない。カフカの『変身』がそうであるように、この芝居は、与三郎が「傷だらけの人間」として生きることをただまっすぐに描写する。また、与三郎は「かつての江戸」を懐かしんだりもしない。常に江戸は、与三郎にとって険しい場所として立ちはだかる。

批評家ヤン・コットはカフカ作品に触れ、次のように書く。

「夢の中では、われわれが出逢う人はすべてわれわれとの関連においてある役を演じる。われわれには、彼らに話しかけることはできても、彼らが本当は誰なのか知ることはできないのである。悪夢の場合には彼らは必ずわれわれよりも強い。事件を進展させ、われわれに命令を下し、われわれをどこかへ連れて行くのは、彼らなのだ。われわれは抗議しはするが無力だ」（ヤン・コット『演劇の未来を語る』）

与三郎を打ちのめした江戸はやがて東京となり、その地でわれわれもまた夢に抱かれている。「われわれよりも強い」悪夢は、そこかしこに口を開けている。

殺しをし、島抜けをし、恋人をも置き去りにして、与三郎は走る。気づけば周りには誰もいない。ただ、青空が広がり、雲が浮かんでいる。与三郎が、七之助が、あの名台詞をつぶやく。

「しがねえ恋の情《なさけ》が仇《あだ》」

いったいなにに恋していたのだろう。どのような恋の情があったのか、与三郎はふり返らない。ただ、そうつぶやくとき、与三郎は夢に生きている。

現実逃避ではない。なんら解決を望まず、ただ夢の法則を貫こうとする。元来、歌舞伎にはそういう側面もあったのではないか。だがこの夢、いまとなってはただ無邪気に味わえるものではない。

NEWシネマ歌舞伎『三人吉三』
DVD・Blu-ray発売中　DVD：4,700円（税別）／Blu-ray：5,700円（税別）　発売・販売元：松竹

天上を舞う酔客の行方

2018年1月

昨年末に殺傷事件のあった富岡八幡宮、さすがに新年の参拝客は減ったが、意にかけず参拝した者も相当数いたという。ふり返れば、源実朝が暗殺された鶴岡八幡宮をはじめ、神社仏閣、記紀神話まで血なまぐさい事件にはこと欠かないわけで、いまさら強欲にまみれた狼藉程度で良俗がどうこう左右されるものでもないのかもしれない。

事件の報道で、富岡八幡宮が神社本庁を離脱していたことも明るみに出た。実は他にも神社本庁に属さない有力神社は少なくない。そもそも、八幡様、天神様、お稲荷様など八《や》百万《およろず》の神々に、形式的な一統支配はなじまない。

私の新年は、歌舞伎から。まず二日、松竹座の坂東玉三郎と中村壱太郎《かずたろう》の舞踊公演で眼福に与り、歌舞伎座で三十七年ぶりの高麗屋三代同時襲名を拝見。浅草では尾上松也・坂東巳之助らを筆頭に花形の息吹を感じつつ、新橋演舞場で海老蔵の「にらみ」をいただいた。

つくづく芸能を見るとは、繰り返しの秘儀を覗くことだと思う。繰り返しの無意味さのなか、理屈の間尺にあわないものに触れる感覚が大事だ。近代の外部、と言ってもよい。端的に、例えばそれは生と死だ。平成の終わりにもなって、いまだに人間は、なぜ生きるのか、死ぬのか、説明がつかない。既成宗教で折り合いがつけばいいのだが、多くの日本人は信仰を持たない。それでも繰り返しの連環に身を置き、自らをその一部として捉えることは可能だ。

続いては能。年初めを寿ぐ『翁』を今年は観世流梅若会の能楽堂で観た。千歳に二十一歳となった小田切亮磨。高らかに足を踏み、伸ばした指先が震えている。若者らしい緊張感が露払いに相応しい。翁は、梅若紀彰、松山隆雄、川口晃平とシテ方が真太刀《まだち》をはいて三人居並ぶ。「弓矢立合《ゆみやのたちあい》」の小書に則った演出だ。江戸時代、武芸者たちに腕を競い合わせた形式に由来し、詞章も途中から弓矢の賛美へと切り替わる。民草の祈りから形式だけを頂戴し、武家の太平を願ってしまう都合のよさが面白い。

小謡や狂言を挟み、三月に梅若実襲名を控える梅若玄祥の『山姥』。

何度見ても不思議な曲だ。山姥を謡う女性芸能者が登場する。言わば山姥のフォロワーである。その彼女たちの前に、本物の山姥が現れるのだ。来歴を語り、山巡りする姿を見せ、山へと還っていく山姥。「邪正一如《じゃしょういちにょ》と見るときは（略）衆生あれば山姥もあり」と地謡。山姥も人間も同じ存在だというわけだ。その声は、模倣し、繰り返せよ、とも聞こえる。

長年『山姥』の演出を進化させてきた梅若玄祥のシテは、床几に腰掛け、じっと動かない。ときたま杖をつき、足拍子を踏むと、大鼓の亀井広忠がその音に反応する。それでいて動くときは一気呵成。絵画的に空間を塗り替えていく。山姥が去った瞬間、表の山手通りでサイレンが鳴り響いた。偶然だが、玄祥の山姥が現実空間まで変容させたような錯覚に陥った。

さらに数日後、蕨市民会館で伶楽舎《れいがくしゃ》の雅楽を聴く。新年らしい双調の管弦は、笙の出音だけで天上へと連れ出される心地がする。そこに篳篥《ひちりき》、龍笛《りゅうてき》と楽器が加わるたびに、たおやかな大気が膨らんでいった。

目玉は、伶楽舎の生みの親、芝祐靖《すけやす》の代表作「招杜羅紫苑《しょうとらしおん》」。十二神将や薬師如来のイメージがリズムに移し替えられ、結果、立ち上るドラマ性を堪能した。

退出音声は、いまや『陰陽師』のモデルとして有名な源博雅の手による「長慶子《ちょうげいし》」。曲が盛り上がっていくなか、会場にすさまじいノイズが轟いた。巨大ないびきだ。発生源は私の斜め前方、AC／DCのヴォーカルであるブライアン・ジョンソンに似た親父が舟を漕いでいる。いびきはしばらく続き、止むか……と油断させて、よりボリュームを上げる。くすくすと笑い声が広がる。結局いびきは終演まで続いた。しかし、特にブライアンを咎める者はなく、長閑な雰囲気は壊れることがなかった。それは蕨の土地柄ゆえ、ということだけではなかった気がする。

昨年、NHKで見た伶楽舎の上演「露台乱舞」を思い出す。平安貴族の酒宴の模様を再現し、芝が構成・復曲した公演だ。

芝が参考にしたのは、一一六七年、建春門院の御所で開催された「淵酔《えんすい》」。淵酔とは、公式行事のあとの二次会パーティのようなものだという。そのパーティを模倣した雅楽演奏は、いわゆる宮中雅楽のイメージからはほど遠く、開放的だ。

「露台乱舞」の終盤、萬歳楽に酔っ払いの今様が絡む曲が見物だった。音楽としてだけでなく、物理的にも絡むのだ。今様を謡う舞人が、足元をふらつかせながら演奏者にちょっかいを出していく。モデルはやんごとなき貴族だろうか、さぞ通人でうまいこと萬歳楽の音楽に今様をマッシュアップしたのではないか。そんな想像すらかきたてられる。

すでに今様のブームは過ぎた時期の宴である。だからこその形式化を、後白河院は『梁塵秘抄』で図った。いわばタイムカプセルだ。河竹默阿弥の七五調が明治期に成立したことを思い出してもよい。

天を舞う調べに足下をふらつかせる酔客は、来るべき時代のリズムを刻み、やがて大地を踏みしめる室町の翁を幻視させる。そのような酔客の狼藉を、芝は作品に取り込んだのだ。

宮内庁楽部を辞した翌一九八四年に伶楽舎を設立した芝は、クラシック音楽や現代音楽とも交わりながら、今日に雅楽を奏でる意義を問い、実践してきた。それは復元という概念について考えることでもある。

「かつて鳴っていた音の復元」と「かつて聴かれていた音の復元」は別の話だ。乱入する酔客やいびきや時代のリズム――形式から溢れ出る物と、形式化の双方を捉えつつ、芸能は何度だって生まれ変わる。

亀井広忠と能のテクノロジー

2017年2月

杉本博司の新作能『利休―江之浦』を観る。シテに浅見真州《まさくに》。利休と太閤秀吉の因縁をめぐる長い前場を経て、間《あい》狂言。そこに一ひねり趣向が加わる。橋掛かりから〝利休の再来〟とも言われる茶人、千宗屋が現れると、お手前を披露。その茶を利休由来の花入れの前に供す。能の劇的空間を寸断する写実ではある。しかし、茶器、花入れなど、実物のアウラを感じさせることが重要だったのだろう。このデモンストレーションを挟み、再びシテを召還する構造こそが、結果としてこの公演を「能」にする。トリッキーな複式能を可能にするのは、亀井広忠の打つ大鼓の、やすやすと時空を超える「カーン」という響きだ。

ここ数年、気づけば私自身、広忠の打つ大鼓の音、さらにはその掛け声を指針に、能を追っていた。

能の時空間に呑み込まれた、と初めて感じた体験も「広忠の会」だ。『定家』だった。舞台上に雨の気配を幻視し、じめっとした湿度がピークに達したところで、カーンと鳴る。「定家の執心葛《かずら》となつて御墓に這ひまとひ、互ひの苦しみ離れやらず、ともに邪淫の妄執を」

シテの味方玄《しずか》もよかったが、広忠の眼差しに目を奪われた。遠く何かを見据えている。そこめがけて舞台を駆動させるべく全身全霊で大鼓を打つ。前へ、前へ。式子内親王の妄執は、定家葛と絡まりあい加速しながら、見所の私たちの悩みや気がかりとも融け合う。やがて彼女は石塔へと還るも、官能の残り火は消えることなく永劫に続くかのようだ。広忠の大鼓は、膨らんだ時間の空気を抜いて萎ませるような優しげな音だ。フェードアウト。そして最後にもう一度力強く、カーン。私たちの進むべき道を拓くのだ。

その後、観世流のシテ方、谷本健吾、川口晃平らとの知己を得るなかで、彼らがよき兄貴分として広忠を慕っていることがわかった。谷本と川口が、同じく観世流シテ方の坂口貴信とともに続けている「三人の会」の立ち上げにも、広忠のサジェストがあったようだ。その旗揚げの会では、川口の『養老』と坂口の『熊野』、二番続けて広忠が大鼓を打った。人間国宝でもある父・忠雄から葛野《かどの》流大鼓方の家元を継承した広忠は、一方で、歌舞伎囃子方の田中佐太郎を母に持つ。半分は歌舞伎の血が流れており、また、田中傳左衛門、傳次郎という弟二人も歌舞伎囃子方の重鎮として活躍している。広忠自身も坂東玉三郎、市川海老蔵、猿之助ら歌舞伎俳優との仕事も多く、彼らからの信頼も厚い。「対・大衆」という枷《かせ》と格闘する同世代の歌舞伎俳優たちの姿を通して、能楽を俯瞰する機会もあるだろう。そのことが、プロデュース力という、いささか能楽界では得難い視点を広忠に与えているように見える。

今年正月には、野村萬斎とライゾマティクスの真鍋大度《だいと》による『三番叟《さんばそう》（ＦＯＲＭ）』を観た。「日本古来のＦＯＲＭ（型・様式）の普遍性を、新たな日本の〝美〟として」テクノロジーによって可視化する試み、だという。そこには萬斎との『三番叟』をライフワークとまで言う広忠もいた。

ちょうどその二週間ほど前、日経ホールで亀井広忠プロデュースによる『三番叟』も観ていた。舞ったのは萬斎の父である万作だ。いわゆる「ホール能」では、能楽堂のような緊密な空気は生まれづらいのだが、三番叟を紋付袴姿にすることで、いっそ儀式性を、プロセニアム（額縁）型劇場における鑑賞体験へとシフトさせていた。そうすることで、囃子方と三番叟とのセッションが前景化する。やはり紋付袴姿の萬斎が三番叟を務めるのも観たことがある。広忠×萬斎の切り結びの迫力に比べ、万作とのそれは、最小限のしかし必然性のある音だけで空間を埋める卓抜した軽やかさが印象に残った。

そして、『ＦＯＲＭ』である。東京国際フォーラムのだだっ広い空間を、江戸城の内部を辿りながら鏡板へたどり着くというＣＧ演出、暗闇にぼうっと舞台を浮かび上がらせる藤本隆行の照明により、ホール能ではなく、たしかに能舞台が現出していた。

『ＦＯＲＭ』の前に狂言『末広かり』。さらに『能楽囃子』では広忠が大鼓方を務めた。『能楽囃子』での強烈な演奏に、手は保つのだろうか？　と思えば、『ＦＯＲＭ』で使われる囃子はなんとレコーディング音源なのであった。

しかし、カーンという打音は間違いなく広忠のものだ。evala によって施された音響処理により、純度が上がっている。とくに鈴ノ段のメタリックな質感は、能のイリュージョンを肌身で感じさせてくれる稀有なものだった。それに比べると、スクリーンの映像は、『三番叟』から立ち上がるイメージを抽象化しているにすぎず、高度なテクノロジーを用いていようと、紙芝居的でしかないのが残念である。だが、きっとまだフィジカルへと働きかける方向性はいくらでもあるはずだ。

そういえば、東京都写真美術館で昨年開催された杉本博司『ロスト・ヒューマン』展は「人類と文明の終焉」がテーマだった。そのうちの一つ、「人工知能とロボット労働により滅んだ世界」という設定の展示のなかで、ロボット工学者は、二度とそのような惨事が起こらぬよう、人間が手で扱える道具だけをコレクションとして残しておく。このロボット工学者の手記を杉本の依頼により代筆したのは、他ならぬ亀井広忠だった。

能というテクノロジー。広忠の手は馬の革を張ったデバイスで信号を打つ。その目はサーチライトとなり、まっすぐ前を見つめている。そのとき能舞台は、時空を超える装置へと変貌するだろう。

文楽の男伊達——竹本織太夫

2018年1月

一月、二月と歌舞伎座は高麗屋《こうらい》三代襲名披露。重責がかかったであろう十代目松本幸四郎、『熊谷陣屋』の熊谷がすくっと頼もしく。過去への感慨に耽る引っ込みは、むしろこれから続く未来をも思わせるものがあった。玉三郎・仁左衛門を向こうに回してのダブルキャストで海老蔵・菊之助も奮闘。猿之助、幸四郎に続き、いよいよ歌舞伎はこの世代の大きな襲名が続く。

同時期、文楽でもまさに彼らと同世代の太夫の襲名披露があった。初春公演で、豊竹咲《さき》甫太夫《ほだゆう》が、六代目竹本織太夫《おりたゆう》を襲名したのである。

国立劇場の第二部。口上には、織太夫と師匠の豊竹咲太夫の二人だけが並んだ。八代目竹本綱太夫の五十回忌追善公演でもあり、咲太夫が、実父・八代目綱太夫との思い出を語ったあと、隣に控える織太夫を紹介する。

竹本織太夫　©渡邉肇

文楽の場合、襲名する当人は口上を述べない。織太夫はただ深く頭を下げるのみ。より実力主義の色濃い、文楽の自負が感じられる襲名披露のやり方だと思った。

織太夫を初めて意識したのは三年前のこと。『奥州安達原《あだちがはら》』での明朗とした語りを聴いた。リズムのキレが際立っていた。呼吸を役に受け渡すことで的確な人物描写がなされている。終演後、知人の仲介で挨拶をした。すらっとした長身、仕立てのいいスーツ。図抜けた身だしなみのセンスだ。それでいて気さく。好漢ぶりにすっかりやられてしまった。

その後、文楽のスポークスマンとしての顔も知る。彼のセンスと博識なら、様々な身の振り方もありそうだが、妙な色気を出さず、すべては文楽のためという真摯さにも好感を持った。

告白すると、折々に鑑賞してきた文楽ではあったが、私にとって理会のよすががてきたのはごく最近のことだ。

太夫、三味線、人形の三位一体。だが、まずはどうしても人形に目がいく。アイコンタクトがあるわけではない。三者がぶつかり、絡み合う。その息詰まる緊張感や迫力を楽しめばよいし、実際そう心がけるのだが、毎回上手くつかめた気がしない。人形の動きを追うだけで終わってしまうのだ。

一変したのは、一昨年の初春公演。それまでずっと東京公演を鑑賞していたが、初めて本場大阪の国立文楽劇場での鑑賞が叶った。国立劇場（小劇場）よりも一回り広い客席。しかも普段は前方席を選ぶのだが、この日は当日券だったため、かなり後方の席だった。床も人形も遠い。しかし、これがよかった。

演目は『関取千両幟《のぼり》』。決死の負け相撲へと向かわんとする夫の関取に、切ない胸の内をクドく女房おとわ。太夫は豊竹嶋太夫。その語りは、すべてを悟りながら気丈夫でいるおとわの思いをグググと深掘りしつつ、劇場に巨大な空間を生みだしていた。三味線がテクスチャーを加える。そうして生まれた空間の中でのみ、人形は生命を吹き込まれていた。三者を同時に見渡せる後方の席だからこそ、コンビネーションが体感できた。

なぜ文楽は「見る」ではなく「聴く」なのか。そうか、まずは太夫の語りに身を預ければよいのだ。

嶋太夫の引退公演でもあった。ギリギリ間に合った、と思った。

嶋太夫が現役を降り、太夫の最高格である切場《きりば》語りは、いまや織太夫の師匠である咲太夫ただ一人である。そもそも文楽の太夫自体、竹本、豊竹合わせても二十名ほどしか存在しない。

だからこそ、このタイミングで織太夫を襲名することの意味は大きい。

近年、活躍する太夫のルーツを遡れば、豊竹山城少掾《やましろのしょうじょう》に行き着く。歌舞伎の六代目菊五郎がそうであるのと似て、義太夫節を近代以降に見合ったものにアップデートさせたのが山城少掾だ。彼の弟子たちが、現在へと続く流れを形成している。

八代目綱太夫もまたその一人だった。埋もれかけていた近松作品に光を当てたことで、時代物が主流だった文楽に、世話物の活力を取り戻した功績でも知られる。それまでタブーとされていた歌舞伎と文楽の共演を八代目松本幸四郎と実現した改革者でもある。

この代々の綱太夫の前名こそが、織太夫である。

八代目綱太夫の五十回忌に、織太夫を襲名する。当然それは、先のレールを見据えつつ、その芸風を継ぐことを意味する。咲甫太夫であれば許容された芸の可能性もあっただろうが、それでも織太夫は、綱太夫に連なるその名を引き受けた。綱太夫という名跡に己の呼吸を引き渡したのだ。

襲名披露狂言は『摂州合邦辻《がっぽうがつじ》』。師匠・咲太夫と鶴澤清治《せいじ》（織太夫の伯父）の「切」に続き、盆が回ると織太夫が登場。合邦住家《すみか》の段の「終」。三味線は鶴澤燕三《えんざ》だ。

床本を目上に掲げ、織太夫が一瞬目を瞑った。そこから一気に、玉手御前、合邦、俊徳丸、それぞれの個性が塊となり、コマがスピンするようにぶつかりあい、弾きあった。中でも合邦の娘・玉手への複雑な思いは、鉛製のごとく重たい。ズシンと底に突き当たると、いくつもの破片となり、「ヲイヤイ、ヲイヤイ、ヲイヤイヲイヤイヲイヤイ……」と飛び散った。

これが綱太夫の「風」なのだ。目指すべき頂がある。つまりはまだこれからの芸なのだろうが、しかしそれにしても織太夫は、呼吸のみならず、魂まで明け渡してしまったかのようだ。全身全霊。私までもその空間に吸い込まれそうなほど、物語に引き込まれた。

襲名に先立つ昨年末、織太夫は国立文楽劇場近くの商店街すべてを練り歩き、挨拶回りをしたという。

十七世紀後半、道頓堀に竹本座が誕生して以来、文楽の本拠であり続けたミナミ。この地で織太夫は生まれ育った。

客観的に見て、安泰とは言い難い状況に文楽はある。だが、その芸能に我が身を捧げようという織太夫の男伊達ぶりには、希望しか似合わない。

千之丞という軽やかな器で

2019年2月

改元迫る。新元号は早めにわかったほうが役所も混乱しないのではないかとか、カレンダー業者も泣かずにすむのではとか、「カレンダー業者」ってなんだよとか、いろいろあるが、もはや心穏やかに四月の発表を待つばかりだ。いやむしろここまでくれば、改元と同時タイミングでドン！　と発表する感じでもよいとすら思う。泣いてくれ、カレンダー業者。

天皇の代替わりにともなう最も重要な祭儀が大嘗祭である。折口信夫『大嘗祭の本義』にこのような記述がある。

「昔は、天子様の御身体は、魂の容れ物である、と考へられて居た。（略）此肉体を充す処の魂は、終始一貫して不変である。故に譬ひ、肉体は変つても、此魂が這入ると、全く同一な天子様となる」

天皇制における「万世一系」とは血筋のことだと思われがちだが、しかしそうではないと。不変なのは魂であり、容れ物としての身体が受け継がれていく。その意味において、歴代の天皇はみな同一人物なのだという。渡辺保によれば、この原理を応用したのが「襲名」という制度である（『カブキ・ハンドブック』）。

折しも来年、市川海老蔵が十三世團十郎白猿を襲名することが発表された。つまりは、現海老蔵である堀越寶世《たかとし》が、團十郎という魂の器となる。

前後して、歌舞伎のみならず海老蔵世代による大名跡の襲名が、伝統芸能全般で行われつつある。望むと望まざるとにかかわらず、あらゆる場所で時代の遷り目を迎えている。

昨年十二月には、狂言大蔵流・茂山千五郎家の茂山童司が、三十五歳にして、三世茂山千之丞を襲名した。

初世は二十八歳で病死している。実質、新千之丞の亡き祖父である二世が、一代で大きくした名跡である。そもそも二世は本名で狂言をやっていた。だが、戦後しばらく闇物資のブローカー稼業で糊口をしのぐうち警察の世話になることもあったので、本名で舞台に上がることのリスクを考え、芸名を名乗ることにした。そこで選んだ名前が、「千之丞」だった。

なりゆきもいいところだが、その後の二世千之丞の活躍は目覚ましい。兄である四世茂山千作ともに、古典の枠にとどまらぬ舞台活動を展開し、歌舞伎公演にも出演するなど、能楽界にも波紋を投げかけながら、狂言人気を牽引した。また、演出家として、復活狂言や新作狂言は言うに及ばず、新劇、オペラなども手がけ、卓越した理論の持ち主でもあった。

二〇〇〇年の著書『狂言じゃ、狂言じゃ！』にこうある。

「狂言を、今の演劇、新劇や前衛劇やミュージカルや、その他いろいろの演劇と同列にして考えてきました」

そのスピリッツは、孫である新千之丞にも引き継がれている。新作狂言を創作し上演する「マリコウジ」、狂言師を起用し現代的なお笑いコントを上演する「ヒャクマンベン」などの自主公演を主宰し、オペレッタの演出を手がけ、国際的な現代演劇にも俳優として出演するなど、フロンティア精神溢れる活動は狂言界でも際立っている。

昨年、雑誌『ｐｅｎ＋』で気鋭の講談師・神田松之丞《まつのじょう》の特集が企画された際、編集部より、伝統芸能の未来について松之丞と同世代のメンバーとで鼎談を行いたいと相談された。そこで推薦したのが、木ノ下歌舞伎の木ノ下裕一に加え、千之丞襲名を控えた童司である。

鼎談の収録現場にも司会として立ち会った。その際、「千之丞襲名にあたって、イメージを寄せていく必要は？」と松之丞に聞かれた童司は即答した。

「ずっと寄せている。十代から千之丞のビジョンで動いていましたから」

周囲も、本人も、そして「千之丞」の芸を知る者にとっても、この上なく自然で、美しい襲名であると思う。

すでに本拠地・京都での襲名披露は昨年十二月に行われ、先日、東京での襲名披露公演が喜多能楽堂で開催された。二年前の現当主・茂山千五郎襲名披露の際には、能楽界より広くゲストが迎えられたが、今回は一家一門で、千之丞ゆかりの演目を見せてくれた。

まず重鎮である千作、千三郎、松本薫によるご祝儀定番曲『末広かり』。つづいて新作『二人山伏』。二〇一五年の「マリコウジ」で発表した自作の狂言を、初演と同じく、同志ともいえる千五郎、茂山逸平、島田洋海が演じた。知らない観客が見れば古典だと信じてもおかしくないほど狂言のマナーに則った新作だが、見所の爆笑は普段の能楽堂のそれを超えている。前半の最後は、実父・茂山あきらと茂山七五三《しめ》、丸石やすしによる、お家芸『素袍落《すおうおとし》』。

休憩を挟み、襲名披露演目となる大曲『花子《はなご》』へ。シテとなる男を新千之丞が、太郎冠者を茂山宗彦、妻を茂山茂が演じた。

千五郎の襲名の際に同曲で新千之丞が妻を演じるのを見ているが、これまたずいぶんと印象が異なる。まず画家・山本太郎の手によるシテの装束が、多彩な絵柄で遊び心満載、にもかかわらず、自然と舞台に溶け込んでいる。

ある男が、妻の目をごまかし、太郎冠者を身代わりにして愛人のもとへと通う。しかし留守中にすべてが妻に露見してしまう。そうとは知らず、いい気分で帰宅する男だったが――。

能『班女』を下敷きにしたシンプルな物語。ただ、後半で多用される小歌の場面が難しい。極重習《ごくおもならい》たるゆえんだろう。謡い方、テンポなど変化に富むのだが、長いのでダレてしまう恐れがある。

だが、この日の『花子』は違った。浮気で調子に乗った男が、妻にガツンとやられるまでの「フリ」として、その長さが効いてくるのだ。リズミカルな小歌は、軽快であればあるほど、観客の笑いを増幅する。いつもと何かが違う。間である。現代的なコントの息の詰め方なのだ。

逆上した妻に追いかけられながら、新しい千之丞が門出するのを見た。

新派に吹くエキゾの風――喜多村緑郎と河合雪之丞

２０１８年６月

劇団新派に変化の兆しあり。端緒は昨年六月、花形新派公演「黒蜥蜴」だ。言わずとしれた乱歩作品。美輪明宏や坂東玉三郎、何より初演では新派女優の初代水谷八重子が黒蜥蜴を演じた三島由紀夫戯曲が有名だが、この新派版（齋藤雅文脚色・演出）は、より活劇仕立てで、新機軸も満載だった。

明智小五郎に喜多村緑郎、黒蜥蜴に河合雪之丞。ともにここ二年で新派に入団した歌舞伎からの越境者だ。二人は顔を白く塗り、タンゴを踊り、丁々発止の駆け引きを見せる。立ち回りやだんまりといった歌舞伎要素もある。ケレンにつぐケレン。ラブシーンも美しい。劇団ＥＸＩＬＥの秋山真太郎のボクシング風アクションや、尾上松也の妹・春本由香の潑剌ぶりも新鮮だった。

会場となった三越劇場の造りもまた、大理石の壁、天井のステンドグラスなどレトロモダンな世界観とマッチしていた。なにせ日本橋三越デパートの六階。隣は黒蜥蜴垂涎の宝石売り場である。

ふと思い出した。雪之丞は市川春猿時代にワンピース歌舞伎初演のナミ役を務めている。思えばナミもまた女盗賊だ。あのとき春猿は、二・五次元舞台とも違う、現実には存在しないが、たしかにある因果律を生きる美しい女としてナミを成立させていた。歌舞伎で言う「肚《はら》」を架空のキャラクターの中にも摑んでいたのではないか。女優と女形が同居する「黒蜥蜴」の舞台においても、雪之丞演じる黒蜥蜴には、他の俳優にはない、運命の操り糸のようなものが垣間見えた気がする。


元澤瀉屋らしく、緑郎と雪之丞は既存の枠から少し踏み出した。それは「新派とはなにか」という問いについて考えることでもある。新派が歌舞伎に対する〝新しい演劇〟として括られた明治期からの宿命といってよい。

折しも今年は新派百三十周年。壮士芝居、書生芝居に始まり、正劇、文芸作品と様々な可能性を孕みつつ離合集散を繰り返してきた新派の歴史とは、現代性と様式美のせめぎ合いのプロセスでもある。初代喜多村緑郎も、雪之丞が姓を継いだ河合武雄も素晴らしい女形の芸を遺したが、とはいえそれが歌舞伎の型のようによすがとなるわけではない。例えば、現代において、異性装をすることの意味もアップデートされる必要がある。

それゆえ緑郎と雪之丞は、さらに踏み込む。

今年春には自主公演「怪人二十面相　～黒蜥蜴二の替わり～」を打った。会場は池袋サンシャイン劇場。

自主公演には経済的リスクがつきまとう。緑郎の妻で、元宝塚トップスターの貴城《たかしろ》けいが出演したことからも、彼らの背水の心意気が伝わってきた。

この「怪人二十面相」もその正体は実は女性とされ、雪之丞が演じる。「黒蜥蜴」の十年前という設定だが、実質「黒蜥蜴」をベースに、他の乱歩作品や新派作品などの要素も組み込んでいる。自主公演だからこそできる、深掘りと実験精神に溢れた内容だった。

緑郎の明智小五郎は大きく変化した。「黒蜥蜴」公演の際にかぶっていたカツラは外し、地頭《じあたま》となった。顔の白塗りもない。若き頃の明智という設定もあるだろうが、それ以上に、明智を自由に、よりナチュラルに演じているように見えた。

「怪人二十面相」のラストには「黒蜥蜴」へとつながる流れも仕組まれていた。やはりこの世界が新派の新しいステップボードとなるのだろう。

これは一種のエキゾではないか、と思う。エキゾ――エキゾチカとは、一義的にはポップミュージックにおける一ジャンルを指す。かつて西洋人が思い描いた、非西洋世界の島々の楽園的イメージを架空の音楽に仕立てたものだ。

現実には存在しないが、まったく現実に根ざしていないわけでもない音楽。ただ、それを現地の実際の音楽のように捉えてしまうと、途端にオリエンタリズムの陥穽にはまってしまう。むしろ現実を担保しない無責任さこそ、エキゾの本質である。世界がより均一化した現代において、エキゾは時間軸へも向かう。ある時代に存在していたかもしれない音楽。

エキゾとしての「黒蜥蜴」を考える。乱歩世界に漂う大正から昭和初期の空気感は、新派と実に相性がよい。ノスタルジーではない。〝新しい演劇〟として、現代に架空のレトロモダンを起ち上げることに意義がある。

自主公演を経た今年六月、同じ三越劇場で、満を持して「黒蜥蜴」が再演された。その名も「黒蜥蜴　全美版」。

初演では永島敏行が務めた刑事役にあたるポジションを、ミュージカル俳優の今井清隆が務めた。小粋な歌が加わることで、エンタテインメント性はさらに上がった。歌舞伎的要素は控えめとなり、アクションシーンはより華やかになった。

戯曲の構造も初演以上に整理されている。黒蜥蜴と明智小五郎の、双生児とも言うべき魂の相似形。追っ手を逃れ、着流し姿で二人手をとり寄り添うシーンはまるで道行きだ。生き別れた姉と弟のようでもある。あるいは、伝統からはぐれた二人の孤児、でもあるのかもしれない。

新しい演劇が日本で確立しようとしていた明治初期、演劇人たちは、歌舞伎という様式を離れては台詞ひとつ発話することさえ難儀した。

いま新派において、俳優はなにをよすがに舞台に立つのか。これだけは言える。新派の「黒蜥蜴」には他の現代劇にはない、様式に基づいた美しさがある。

黒蜥蜴は過去への囚われ人だ。黒蜥蜴の私設美術館は、手下以外の誰の目にも触れない架空の王国である。しかし本当に大事な空間は、彼女の胸の内に秘められている。その宝石のような過去の記憶に、明智はそっと触れる。舞台上に設《しつら》えられた美しき場所にエキゾの風が吹き込んだ。

麦わら帽子の受け取り方――尾上右近

２０１７年10月

どんな興行にもリスクはつきものだ。

それにしても、俗に「勉強会」と呼ばれる若手歌舞伎役者の自主公演のそれは、なかなかにたいへんなものがある。会場費用、役者や地方・裏方のギャランティ、衣裳や小道具・大道具代、チケットの手配、集客、そしてもちろん稽古と本番当日のオペレーション。舞踊ならともかく、ちょっとした狂言でも出そうものなら数千万円は下らないだろう。規模や公演数にもよるが、たとえ完売でもチケット代だけで黒字になることはほぼないとも聞く。ゆえにパンフやグッズといったマーチャンダイズも大切である。

自ら興行を打たねばならない、わけではない。それでもやるのは、普段つかない大きな役を務めたり、実験的な試みにチャレンジできるからだ。市川猿之助はかつて十年間にわたり『亀治郎の会』を主催し、国立劇場の大劇場をも満員にした。尾上松也は自主公演、その名も『挑む』で、今年は東京・大阪とあわせて十公演を行った。

さらに近年、奮闘しているのが尾上右近である。

彼の自主公演『研の會』第三回を、八月、国立劇場小劇場で観た。

『神霊矢口渡《しんれいやぐちのわたし》』は、チョイスの妙。なにしろ右近演じるお舟に、次々とミッションが降りかかる。不意に現れた来客、松也演じる義峯の対応に追われながら、その義峯に惚れてしまうお舟。しかし女連れと知るや、ヤキモキしながらも気持ちを切々と訴え、彼らが落人だと知るに、助けようと決心。下男を欺き、父親の計略に我が身を犠牲にする。果ては深手を負った身体を引きずり、惚れた男を逃がすための太鼓を打つ。その全身全霊、体ごと体当たりで太鼓にぶつかっていく姿を、演技の巧拙を超えて、しかと目に焼きつけた。

続いては舞踊で、『羽根の禿《かむろ》』『供奴《ともやっこ》』。二つの踊りの間を早替わりで繋ぐ。スレンダー体型の若手が多いなか、がっちりした下半身を持つ右近は、尻ギバや横ギバがずばっと決まる。つい、父の従兄弟にあたる故・中村勘三郎を思い出してしまう。

祖父に鶴田浩二、父に七代目清元延寿太夫《えんじゅだゆう》を持つ右近。父の母方の祖父に名優・六代目菊五郎がいる。サラブレッドだが、女系ゆえ、自ら歌舞伎を選びとる必要があった右近には、大人びた風柄と少年っぽい無防備さとが同居する。

猿之助の発案により、『スーパー歌舞伎Ⅱ ワンピース』の再演で、右近がルフィを務める特別公演が企画されると知ったとき、右近の抜擢以上に、初演の功労者である坂東巳之助や中村隼人への信頼と期待を感じとった。もちろん大前提として、『ワンピース』が古典となるためには、自分以外の人間がルフィを演じてこそ、という思いも猿之助にはあっただろう。とはいえ、ルフィを手渡そうとする相手が右近なのは、彼が自主公演を定期開催していることとも無縁ではないはずだ。

十月、再演の幕があけ四日目のこと、猿之助は公演中のアクシデントで重傷を負う。その夜のうちに出されたコメントの気丈さに泣かされるとともに、一部とはいえ、彼がすでにルフィを手渡していたことの運命を思った。

当然のごとく、ルフィの代演は右近となる。

だが、若手のチャレンジ企画と本公演とでは意味が違う。不安を抱きつつ、十月十七日、新橋演舞場での夜公演を観た。

一幕目、猿之助ルフィをなぞるような右近がいた。猿之助もそうだった。他の役者と比べ、原作に似せていない。休憩に入ると、幕に原作のキャラクターが描かれている。そうだ、初演時もこの幕間で不安がマックスとなった。

初演『ワンピース』成功の理由はいくつかある。歌舞伎とワンピースの相性のよさ。役者のキャラクターのつかみ方の多様性。だが最も大きいのは、途中からぐいぐいと猿之助がルフィに見えてくることだ。一幕目は似ていない。むしろ少し不安をかきたてられる。二幕目、孤独な闘いを強いられるルフィは仲間への揺るがない想いを高めていき、最終的に舞台上から消える。が、強い想いは巳之助のボン・クレーと隼人のイナズマに託され、その残像とともに、猿之助はルフィとなるのだ。

はたして右近はルフィとなれるのか。幕間中、そのことばかりを考えていた。

二幕目、大監獄インペルダウン。坂東新悟の看守長サディちゃんがいい。ルフィは……闘いにつぐ闘いで、ひたすら傷つく。こんなにも過酷なロードだったかと思うほど、絶体絶命に追い込まれる。寄り添うのは巳之助のボン・クレーだ。横たわる右近は、まだルフィに見えない。

そのとき、魔法が降りかかった――といっても、すべて台本に書かれたとおりの展開である。幻影のように登場したのは、麦わらの一味の医者、チョッパーだ。チョッパーを演じるのは白ひげ役・市川右團次の息子、市川右近、七歳である。

右近のチョッパーが言う。

「ルフィはぼくが治す」

二人の右近を中心に、舞台に張り巡らされた毛細血管が脈打つのを感じた。

猿之助は仲間への想いを手渡し、大気を呼び込むことでルフィとなったが、右近は想いを受け取り、すべてを巻き込みながら、前へと突き進むことで、ルフィへと変身していく。

『ワンピース』のなかではみな、誰かから受け取ったものを、誰かに手渡す。開演直後、最初に劇場に流れる言葉を記そう。

「この帽子をお前に預ける」

幾度も繰り返されてきたことだ。

あるテレビ番組で右近は、「好きな相手が歌舞伎でよかった」と話していた。一生を誓った恋人ともいつか別れがくる。だが、たとえ自分がこの世から去ったとしても、まちがいなく歌舞伎はそこにある。

受け取ったものを手渡す。手渡すから受け取れる。『ワンピース』という航海は、歌舞伎の奥底に眠る「ひとつなぎの財宝」を輝やかせる。

ナルト歌舞伎の挑戦

2018年8月

私信の如きものになるかもしれない。

新作歌舞伎『NARUTO―ナルト―』の話だ。

大ヒット漫画の歌舞伎化。岸本斉史《まさし》原作、G2脚本・演出。近年同じく歌舞伎化された人気漫画『ONE PIECE』と異なるのは、これが初の舞台化ではないこと。すでに二・五次元舞台が二本（再演も入れれば三本）存在し、いずれも好評を博している。

主演を託されたのは、ワンピース歌舞伎で目覚ましい活躍を見せ、また原作ファンでもあったために、監修に近い役回りで座長の市川猿之助を支えた若手、坂東巳之助と中村隼人だ。巳之助は、主役うずまきナルトのオファーがきたとき、ライバルのうちはサスケ役は隼人になる、と確信したという。

ナルト歌舞伎でまず特筆すべきは、脚本である。筋書からG2の言葉を引用してみる。

「ナルトが自分の九尾《きゅうび》の秘密をどう知ってどう闘っていくのか、サスケが自分の一族の謎をどう解いてどう向き合っていくのか、そして、ナルトとサスケのライバル関係がどうなっていくのか、そこを描かないと『NARUTO』にはならないなと。ということは、七十二巻全部を描かないといけない」

つまりは赤ん坊の際に九尾の妖狐を封印する人柱力《じんちゅうりき》となったナルトが、木ノ葉の里の里長である七代目火影《ほかげ》となるところまで――原作全七十二巻にあたる物語が、三時間強の上演にすべて詰め込まれる。二・五次元版はそれぞれ約二十巻分、作品こそ違えどワンピース歌舞伎も約十巻分の物語を脚本の下敷きにしていたことを思えば、相当チャレンジングな構成だ。

八月新橋演舞場、九日夜と二十二日昼の二度観劇することができた。ナルトたちの大敵となるうちはマダラ役はダブルキャストで、九日は市川猿之助、二十二日は片岡愛之助が務めた。

幕開けは竹本から。里を襲う九尾狐が、鉄柵の間と赤ん坊のナルト（人形）に半分ずつ封印される場面が続き、嘉島典俊演じるカカシ隊長以下、ナルト、サスケ、中村梅丸（現・莟玉）演じるサクラら第七班の登場、市川笑三郎《えみさぶろう》演じる大蛇丸《おろちまる》による木ノ葉崩しへと畳みかける。

ビジュアルを原作に寄せたアプローチのなか、「伝説の三忍《さんにん》」の存在が際立つ。前述した笑三郎の大蛇丸はクリソツと言ってよい出来だ。笑也の綱手《つなで》は慈愛とドスの利いた声を使い分け、猿弥の自来也《じらいや》はコメディリリーフの軽やかさが光る。説明台詞で重くなりがちな前半部、児雷也《じらいや》豪傑譚話《ごうけつものがたり》に由来を持つ江戸前のキャラクターに息を吹き込んだこの三人が、舞台に遊びの隙間を生み出していた。

　また、三代目火影（演じるのは猿四郎）の愛弟子という三忍の設定は、原作のスリーマンセル（三人一組）の伝統に則りながら、さらに、三代目猿之助こと現猿翁のスーパー歌舞伎で育った澤瀉屋一門の三人という構図をも想起させる。

　三忍と、彼らが口寄せした蝦《が》蟇《ま》蛙、大蛇、大蛞蝓《なめくじ》、さらにナルトとサスケが居並ぶ絵面の見得は、この芝居の白眉だろう。

　二幕、自来也のもとでナルトが仙術修行に励む様子が舞踊で表わされる。何気ない場面だが、大がかりなケレンよりもよほど歌舞伎を感じさせられた。

　原作は基本的にバトル漫画である。闘いに練り込まれたロジックや敵味方のコミュニケーションが、物語の推進力となる。

　二・五次元版ではバトル中に積極的に台詞が割り当てられていたが、ナルト歌舞伎では、立ち回りそのものの激しさをして物語を語らしめようとする。そのぶん、サスケが大蛇丸を討つ場面の「日本振袖始」の大蛇退治のような例外を除き、殺陣はストイックだ。ワンピース歌舞伎で見事なフライングを見せた市瀬秀和演じるイタチも、サスケとの闘いでは、ただひたすらに激しく斬り結ぶ。

サスケが芝居のカギを握る。一族を惨殺した兄イタチへの復讐を誓うサスケは、そのため敵方である大蛇丸に付き従い復讐に成功するも、イタチの真実を知ると、今度は木ノ葉の里を潰すと翻意。するとイタチがただの行き当たりばったりな男に見えてしまう瞬間がある。

ストーリーの省略は言い訳にならない。サスケの根底にある「愛」が見えないのだ。イタチへの復讐とは、愛憎そのもの。サスケは胸の奥底で常に兄を求めている。兄を愛している。この押し込められた愛の激しさゆえに、愛を知らないナルトはサスケに惹かれるのだ。サスケの一貫性は「最も愛する者をこそ殺さねばならぬ」という二律背反にある。その肚さえ見えれば、協力してマダラを倒してなお、サスケがナルトを殺そうとするラストの展開にも唐突感は生まれないはずだ。

ナルトとサスケの本水を使った大立ち回り。否が応でもワンピース歌舞伎と重なるが、あちらは思いを託された若者たちの青い爽快さ。こちらは、恩讐にまみれて傷ついた二人が、すべてを洗い流すところにキモがある。体力や美しさを考慮するなら、より歌舞伎の型を、とも思うが、なりふり構わぬアクションで激しく水を浴びるからこそ、心が揺さぶられるのもたしかだ。

すべての観客を納得させたいという巳之助たちの真摯さと、G2の歌舞伎に対する真面目さが脚本を緊密なものにし、結果、観客がコミットする余地が少なくなっていると感じた。その点、猿之助のマダラがまとう虚構性はさすがだ。説明不要な大敵ぶり。解釈を観客にあっさり委ねてしまう。内面から発する忍術ではなく、観客の想像力を巻き込む仙術のやり方だ。そのように観客を信じる方法論だってある。

ダークファンタジーとしてのナルト歌舞伎が透かし見えている。それも歌舞伎の魅力のうちだ。巳之助やG2だからこその面白い舞台が見たい。

来年六月、京都南座で再演がある。当然、彼らは諦める、こ、と、を、諦めないはずだ。

玉三郎という行き方、残し方

2018年12月

継承が容易ならざる時代だ。非正規的な労働環境の広がりも、技術の耐用年数の短さも、長期の展望を抱きにくくする。この技は、智慧は、はたして十年後に役立つだろうかと。伝統芸能は、だが、そのスピードから解き放たれ、時には数百年に及ぶ時の流れに身を委ね、芸の継承がなされていく。

十二月歌舞伎座、その美しい理想型を見た。同時にそれは、現代的な継承のあり方をも含んでいるように思えた。

坂東玉三郎が若手役者たちに女形の芸を伝授する。昼の部で中村壱太郎が『お染の七役』に、夜の部で中村梅枝と中村児太郎が『阿古屋《あこや》』に挑んだ。

ここ一年、ＮＨＫの『にっぽんの芸能』で「伝心～玉三郎かぶき女方考」という特別シリーズが放送されている。玉三郎が女形の代表的な演目を解説し、自らの実演映像も交えながら、その芸の真髄を明かすという贅沢な内容だ。『京鹿子娘道成寺』に始まり、五月には『阿古屋』の回も放送された。

芸を残すにあたり、口伝や芸談、舞台映像だけでなく、テレビ番組も選ぶところに、玉三郎の強い意志を感じる。芸を徒《いたずら》に神秘化せず、オープンに伝えようとする姿勢。大げさに言えば、芸のクリエイティブ・コモンズ化ともいえる。

女形屈指の大役『阿古屋』を演じるのは、長らく中村歌右衛門（六代目）のみだった。歌右衛門から玉三郎へ継承されたのが、一九九七年のこと。歌右衛門亡きあと、演じてきたのは玉三郎一人だ。

今回、若い二人が演じることについて、玉三郎はこう発言している。

「『稽古すれば、阿古屋を演じられるチャンスがある』と思ってもらえることが大事。そうしないと幅が広がらなくなってしまいます。阿古屋にかぎらず、どの役もそうですが、『誰々でなければ勤められない』という固定観念はないほうがいいのかもしれません」

『阿古屋』は、全五段からなる時代物浄瑠璃『壇浦兜軍記《だんのうらかぶとぐんき》』のうち三段目口の通称である。平家の残党・平景清の行方を白状させようと、秩父庄司重忠とその補佐・岩永左衛門らが、景清の愛人・阿古屋を尋問。「そんなことは知らない」と言う阿古屋に、重忠は琴、三味線、胡弓を弾かせる。嘘をついていれば音色に乱れが出るはずだと。かくして三種の楽器を弾くことになる阿古屋だが、実際に役者がそれらを弾きこなさなければならないところに、この役の難しさがある。

二〇一五年、玉三郎の『阿古屋』を間近に見た児太郎と梅枝は、以来、楽器の稽古を重ねてきた。二〇一七年十月歌舞伎座、玉三郎は自らの舞踊『秋の色種《いろくさ》』で二人に琴を弾かせている。そして今回、玉三郎も阿古屋を演じるトリプルキャスト公演に至った。

最初に見たのは児太郎の阿古屋だ。楽器演奏は安心して見ていられる域ではないが、その焦りを感じさせず、気高さをキープしつづける姿に胸を打たれた。つづいて梅枝。丁寧ですっとした印象だが、阿古屋という役を大きなイメージとして摑もうとしているのが窺えた。両者とも発展途上の芸であることは承知の上で、その方向性の違いは阿古屋という役に眠る多面性を感じさせた。

いずれにせよ阿古屋を演じる役者は、まずは楽器を完璧にこなさなくてはならない。それも、尋問をかいくぐるための、言わば「取り繕うため」の演奏である。案外そこに、阿古屋という役の個性が滲み出てくるのだろう。特に児太郎の胡弓の不安定な音色には、景清の子を宿しながら、景清が生きているのかも知らず、戦乱の行方も見えず、我が身も腹の子もどうなるものかわからない――そんな不安とやけっぱちな晴れ晴れしさが混じっており、現代を生きる私には妙に響くのだった。

いつぞや『京鹿子娘道成寺』で四人の若手を従えて演じたときもそうだが、玉三郎には、役に内在する可能性を、様々な役者を通じて広げていきたいという思いがあるのかもしれない。

『壇浦兜軍記〜阿古屋』。阿古屋を演じる坂東玉三郎　©松竹

それは、芸を高めながら、同時にその豊穣さ、多様性を体現してきた玉三郎自身の歩みとも重なる。たまたま先日も、東京バレエ団の『ザ・カブキ』公演を前に、過去のメイキング映像を再見し、モーリス・ベジャールの隣に若かりし玉三郎の姿を見つけて、感慨深く思ったばかりである。

さらに今回の『阿古屋』、驚かされたのが玉三郎の岩永だ。通常、人形振りで演じられる役ではあるが、玉三郎は文楽人形そのもの。赤っ面の敵役として阿古屋を詮議する位置は、若い二人を厳しく見守る玉三郎の立場とも重なる。そこで玉三郎本人の息遣いを消し、人形に徹することで、かえってその存在感は増すばかりだった。

昼の部、壱太郎も『お染の七役』に全力でぶつかっていた。早替わりのなかで、丁寧に役をなぞる。土手のお六も少し前の歌舞伎座で玉三郎が見せた型に忠実だ。大詰めの狂乱のお光の踊りでは、らしさの萌芽も見せた。

「あえて伝えようとしなくても、一緒にいればいいんじゃないか。なし崩しに伝える、とおっしゃった方がいましたが、的を射ているなと」

一年前の正月、やはり、自らの舞踊公演で『鷺娘』を壱太郎に演じさせた際、玉三郎が言っていたことだ。案外、他ジャンルにも通じる現代的な継承のあり方に思えるのは、私だけだろうか。

十二月歌舞伎座、最後の演目は、玉三郎の新作舞踊『傾城雪吉原《けいせいゆきのよしわら》』だった。冬、雪のなかに佇む傾城。間夫《まぶ》から届いた恋文をめくる手の儚さ。二人出会った春。思い出は夏、秋とめぐるも、いまは冬だ。春は再び来るだろうか。あの人はやってくるのだろうか。

傾城は白い雪の上に足跡を残すも、降り注ぐ紙吹雪がすぐにそれを埋めてしまう。

こんなにも継承について考えていたのに、玉三郎の足跡、その一歩一歩はすべて幻のようで、気づけばその絶景を呆然と見つめることしかできないのだった。

玉三郎の実験的納涼歌舞伎

2019年8月

内と外の境界が融解する。伝統芸能における名跡は、それを可能にするパスポートだ。遅ればせながら吉田修一の『国宝』を読み、そんなことを思う。

極道の息子として生まれた主人公・立花喜久雄は、上方歌舞伎の名門・丹波屋に拾われ、三代目花井半二郎となる。講談口調で俯瞰する地の文に導かれながら、日本戦後史ともシンクロする波瀾万丈の物語は、やがて、重要無形文化財＝国宝たる半二郎の風景へとたどり着くが、その地の文のなかにおいて、半二郎の呼び名は「喜久雄」のままである。また、喜久雄は、半二郎を通して、女形を象徴する大役「白拍子花子《しろびょうしはなこ》」や「阿古屋」になる。

「幸か不幸か、半二郎が喜久雄と俊介の両名ともに見出しましたのが、立役《たちやく》ではなく女形の才能でございました。／これを一言で説明するのは難しいのでありますが、二人が二人して、男が女を真似るのではなく、男がいったん女に化けて、その女をも脱ぎ去ったあとに残る『女形』というものを、本能的に摑めているのでございます」

俊介とは、喜久雄の師匠・二代目半二郎の息子である。ライバル俊介に差をつけられたまま、歌舞伎界に居場所をなくした喜久雄は、劇団新派へと移籍。のちにまた歌舞伎の世界へと復帰を果たすが、この移籍期間は、女形の芸にとって、重要であったと想像する。新派において女形は、女優と同じ舞台に立つからだ。それは歌舞伎の女形にとっては得がたい経験である。

また、喜久雄は新派の前には、当時まだ新しいメディアであった映画俳優も経験している。それも女形の歌舞伎役者である日本兵、という役どころだ。ここでも内と外、虚と実の区分は曖昧模糊としている。

さらに言うなら、喜久雄の「昭和二十五年生まれ」「料亭の子」という設定は、実在する ある歌舞伎役者を想起させる。

坂東玉三郎だ。もちろん作中で描かれる足跡はまったく異なるが、それでもやはり、歌舞伎の外と内を融解し、そのこと自体が芸の本質であるかのように思わせる説得力は、玉三郎と同質のものを感じさせる。

この夏、玉三郎は初めて歌舞伎座の八月納涼歌舞伎に出演した。いまは亡き中村勘三郎、坂東三津五郎らが、若手時代に、それまで歌舞伎の休演時期となっていた八月の歌舞伎座で始めた夏公演。通常とは異なる三部制をとり、ここ数年も、松本幸四郎・市川猿之助らがパロディ満載で楽しませる『東海道中膝栗毛』や、野田秀樹作・演出による『桜の森の満開の下』などバラエティに富む演目が並んだ。

今回、玉三郎が持ってきたのは『新版 雪之丞変化』。過去に何度も映像化、舞台化されてきた同作だが、新版とつくだけあり、新しい趣向に満ちている。

まず日下部太郎こと山崎咲十郎が玉三郎の補綴に入り、脚本は刈り込まれ、玉三郎、中村七之助、市川中車、尾上音之助（坂東やゑ六とのダブルキャスト）の四人芝居となった。

親の敵討ちを心に秘めた女形の歌舞伎役者・中村雪之丞が、本懐を遂げる物語だ。雪之丞を演じるのはもちろん玉三郎。その師匠・中村菊之丞と敵役・土部三斎を含む五役を、中車が兼ねる。

七之助の演じる秋空星三郎は、今回新たに創作された登場人物である。一座の先輩として、女形の芸のアドバイスを雪之丞に授ける星三郎。七之助が玉三郎に教えるという構図になるが、そこにあるのは逆転の面白さよりも、芸というものが、師弟、先輩後輩、という枠組を超えて純然と存在するという手触りだ。もっとも二人が名作のさわりを演じる場面には、納涼ならではの贅沢な「遊び」の感覚が横溢している。

敵討ち自体はあっさりしている。そういう意味でも、主眼はバックステージにあるのだろう。「敵討ち」という名目がいつのまにか雪之丞という役者の魅力の核心を成してしまっているというアイロニーは、アウトサイダーでありながら稀代の女形へと上りつめた喜久雄のそれと重なる。

さらに最大のポイントは、この芝居が連鎖劇の構造を持っていることだ。

連鎖劇とは、まだ映画が未発達な明治の終わりから大正にかけて流行った、活動写真と実際の舞台とをかけあわせた興行を指す。今回の舞台では、例えば仁木弾正演じる菊之丞（中車）が花道を引っ込む姿を足元のアングルからカメラで捉え、それを前方のスクリーンに中継。また、回想シーンでは、過去の玉三郎の舞台映像も使用されていた。

この映像演出も咲十郎が手がけている。遡ること十五年前、咲十郎は俳優祭で『オペラ座の怪人』ならぬ『奈落〜歌舞伎座の怪人』という作品を、まさに連鎖劇の手法で監督していた。製作総指揮は故・勘三郎、主演の怪人役に故・三津五郎。玉三郎も出演している。今回、咲十郎を大胆に起用することで、実験作とも言える『新版 雪之丞変化』をもってきたところに、納涼歌舞伎に対する玉三郎の粋な計らいを感じた。

「これがうまくいけば、（歌舞伎座でも）まだまだいろいろな作品ができるんじゃないかしら」と玉三郎は言う。同時期、京都南座で公演中だった超歌舞伎のことも多少意識したかもしれない。いずれにせよ、映像と舞台の巧みな連鎖は、歌舞伎が虚と実を自在に行き来する芸能であることを可視化する。

重要無形文化財——すなわち国宝となった喜久雄こと三代目半二郎は、その報せを受け取ることなく、阿古屋の拵えのまま、歌舞伎座の扉を抜け出て、銀座の街へと踏み出す。

上空からそれを俯瞰する者の気配がある。その目は、ジャンルや小屋の境界をやすやすと超えていく芸の行方を見守っている。

反転した地獄を生きるオグリ

2019年10月

「舞台を誤って『ニューヨーク』と記載していました」

ニューズウィーク日本語版サイトにアップされている映画『ジョーカー』のレビューに、こんな訂正文が載った。そこはニューヨークではなく、ゴッサム・シティだった――。もちろんそれはバットマンの作中での約束事である。ただ今回、監督のトッド・フィリップスが八〇年代初頭のニューヨークをゴッサム・シティのモデルにしたのには理由がある。

ノーラン三部作やDCユニバースともテイストの異なる世界観を持ち、さらに言えば、映画として一本立ちしている『ジョーカー』は、舞台を現代社会にしないほうが何かと整合性はつけやすい。実際、ラストではそのズレもうまく縫合されている。

二重三重のファンタジーとホアキン・フェニックスの超絶メソッド演技が掛け合わさるとき、浮き彫りとなるのは「一人の男がジョーカーとなる必然」だ。この筋道の通りやすさは、『ダークナイト』における完全無欠のヴィランとしてのジョーカーに熱狂した層からはすこぶる評判が悪い。だが、この「わかりやすさ」こそが現代の地獄であり、『ジョーカー』を傑作たらしめている。

キャラクターの由来を語る。「をくり」を題材にした絵巻『をくり』は、その本地語りから始まる。荒人神《あらひとがみ》である小栗判官の由来を聞かせよう、というわけだ。

十月、新橋演舞場で上演されたスーパー歌舞伎Ⅱ『新版 オグリ』は、「をくり」こと小栗判官の物語をもとに梅原猛と三代目市川猿之助が創造したスーパー歌舞伎『オグリ』のアップデート版である。開場時、舞台上に置かれたオグリと照手姫《てるて》（こちらもいまでは「結びの神」として祀られている）の神像に、本地語りの痕跡が見える。

もとは梅原版の戯曲を三代目猿之助と石川耕士がブラッシュアップした上演版『オグリ』だが、今回、横内謙介はさらに刈り込み、現代性を吹き込んだ。結果、小栗の家来たちの人数も減らした。

その家来に四代目猿之助は若手を起用。主役のオグリも猿之助と中村隼人のダブルキャストとなる。照手姫役は坂東新悟。

ワンピース歌舞伎の成功以降、四代目は確信を持ってスーパー歌舞伎Ⅱをこの方向へ導こうとしている。すなわち、フレッシュなチームでつくり上げる新作歌舞伎である。

共同演出に起用されたのも、新進気鋭の演出家・杉原邦生である。すでに『ワンピース』

の演出助手、納涼歌舞伎での構成など経験を踏んではいるが、大抜擢といえる。

その杉原が存分にカラーを発揮している。第一幕のモノトーンな舞台美術、ストリート系の衣裳に目を瞠《みは》った。巨大な「ＯＧＵＲＩ」の文字を動かす演出も、彼がよく使う手法だが、自身の舞台以上にハマっていた。なにしろもとは漂泊者による口承芸能だ。「オグリ」「小栗」「おぐり」「をくり」と表記は揺れるが、それはまず音としてあったのだから。


オグリは照手姫と結ばれる。しかし、照手の親兄弟である横山一門の毒矢によって、郎党もろともあっさり殺されてしまう。地獄に落ちたオグリ。ここでの閻魔大王とのくだりが、今回最も翻案の入ったパートかもしれない。

そもそもオグリはいったいなんの罪で地獄に落とされたのか。梅原猛は、それを閻魔に「ロマンの病」と言わせていた。愛や理想への純粋で強い気持ちが、かえって周囲を不幸にするのだと。梅原にとってこれは、『オグリ』のテーマでもある。

このテーマを、四代目と横内謙介は「生の歓喜」へと革《あらた》めた。歓喜はひとりでに沸き起こるわけではない。分かち合う隣人あってのものであり、そこではすでに「ロマンの病」が克服されている。

罪の根拠もなく、「生の歓喜」を主張するオグリは、もはや閻魔と対等である。すると閻魔は、「多様性の時代には我々も変わらねば」と自省し、自ら地獄に火を放つ。

これが令和のオグリである。地獄すら待ってはくれないのだ。

血の池地獄で激しく斬り合うオグリ一党と閻魔たち。本水を使った激しい立ち回りで第二幕がピークを迎える。

最終幕となる第三幕は、四代目猿之助の真骨頂だった。主人公が突出するのではなく、想いを受け止めることで、舞台のスケール感を広げる。想いを投げかけるのは新悟の照手姫だ。北陸裏日本を売られ売られて美濃の女郎屋にたどり着いた照手。彼女の一途で純粋な生へのエネルギーが、反転した地上の地獄を照らす。

フィナーレは客席を巻き込んだ念仏踊りとしての総踊り。ブレイクダンス的な動きも見られ、ここまで語られてきたマージナルな物語空間に、現代のストリートが接続された。幕間に何度も購入を促されたリストバンドが客席で輝く。熊野詣のついでにと金剛杖を販促する熊野権現のエピソードを思い出す。

想像の余地すら奪われること。本当の地獄とは、すべて説明がついてしまうことにほかならない。

だが、説経節は口承芸能であるがゆえに、その物語はデタラメを内包し、意味のなさの先に救済が訪れる。いまここにいるオグリは、デタラメな運命に翻弄されるうちに、照手ほか大勢の想いを受け止め、すでに救済が果たされている。生きながらにして、すでに救われている。

ジョーカーは言う。善悪は主観にすぎない。そのとおりだ。ロマンの病だろう。だが相手の主観をも取り込めば、デタラメも集団性を帯びてくる。個人が見る幻想よりも大きな幻想。よりデタラメで説明のつかないなにかこそ、現実と呼ぶにふさわしい。

黄昏の国のナウシカ歌舞伎

2019年12月

『新作歌舞伎　風の谷のナウシカ』（以下、ナウシカ歌舞伎）は声だった。まだ夜の部を見ただけだが、そう言い切りたい衝動に駆られる。

映画版のクシャナ（榊原良子）の声をものにした七之助。土鬼《ドルク》の皇兄弟の声を使い分ける巳之助。庭の主《あるじ》一人を女形と男性の声を織り交ぜながら演じる中村芝のぶ。肝心のナウシカは――？

菊之助は、耳を傾けていた。真実を探ろうとするナウシカは、王蟲《オーム》や粘菌、巨神兵など人ならざる者の声を聴く。

ナウシカが歌舞伎になると聞いても不安はなかった。ワンピースもナルトもインド神話（マハーバーラタ）を呑み込んでも、歌舞伎は揺るがない。むしろ驚いたのは、あの宮崎駿が許可を出したことのほうだ。スタジオジブリ創設のきっかけとなった作品であり、あらゆる実写映画化も舞台化も断ってきたのは有名な話だ。

宮崎からは「タイトルさえ変えなければ、どのように見せてもよい」と言われたという。とはいえ、原作が完結した現在、物語序盤にあたる映画版パートだけを歌舞伎にするという発想はハナからなかったはずだ。この作品の真価は、ナウシカが腐海の秘密を知って以降、後半部の展開にこそある。であれば、原作すべてを昼夜通し上演で行うという選択は、自然なことだ。

演出のG2はナルト歌舞伎で、すでに全七十二巻のストーリーを歌舞伎に落とし込むという荒業を達成している。脚本は『ゲド戦記』や『コクリコ坂から』などでジブリ作品を手がけた丹羽圭子と、松竹芸文室の戸部和久が担当。盤石の体制といえる。

熾烈なチケット争奪戦を乗り切り(これがホント一苦労!)、まずは夜の部、つまり物語後半のチケットを確保できた。すると、開幕まもなく、昼の部で菊之助が腕に負傷とのニュースが流れた。誰しもがワンピース歌舞伎での猿之助の事故を思い出したはずだ。しかし、菊之助は翌日には復帰を果たす。

大丈夫なのだろうか。だがそれ以上に、見届けなくては、という気持ちで新橋演舞場へと向かう。


夜の部は通し全体の四幕目から始まる。原作ではちょうど四巻のあたりだ。

美しい引き幕の前で冒頭、種之助演じる道化が、本来の演出からは一部変更となっていることを観客に告げる。

幕が開くと、各勢力の顔役たちがずらっと居並ぶツラネである。歌六演じるトルメキアのヴ王は戦国武将のような出で立ち。いまや漫画原作歌舞伎のキーマンともいえる巳之助が演じるのは土鬼の皇弟ミラルパ。松也のユパ様を中心とする風の民に続き、ナウシカの菊之助にスポットが当たる。ギプスかサポーターか、左腕は曲がったままの角度で固定されている。だが、以降そのことに、ほぼ気づかせないのはさすがだった。

名場面が畳みかけてくる。七之助のクシャナが茫然と口ずさむ子守歌は、和楽器での「ナウシカ・レクイエム」へと展開。巨神兵に撃たれ、碇知盛よろしく背ギバで倒れていく巳之助のナムリス。いずれも宮崎駿のイメージボードを歌舞伎の型へと落とし込むがごとく。

おそらく、シーンを所作事でつなぐ箇所も本来の演出にはいくつかあったはずだ。だが菊之助の腕と同じく、不自然さを感じさせない。そもそも歌舞伎において、シームレスな物語運びは必須条件ではない。

終盤、原作どおりナウシカに三つの試問が立ちふさがる。

一つ目は虚無だ。大海嘯《だいかいしょう》を止められなかったことで絶望に落ちたナウシカに、ミラルパの死霊が虚無を囁く。救うのは中村歌昇のセルムである。

世俗離れした森の人であるセルムは、ナウシカに腐海の秘密を見せる。ここからが二つ目の試問。背景のセットが次々と開き、二人は舞台の奥へ向かっていく。舞台の書き割りに描かれた美しき大地。ここが腐海の尽きる核心部である。セルムはここにとどまることを提案するが、ナウシカは浄化された山川草木ではなく、人間の不浄にまみれていくことを望む。その姿は、デオドラントされた権威ではなく、貪欲に不浄を取り込むことで歌舞伎という芸能に活力を吹き込む「新作歌舞伎」の命脈を体現しているようにも見える。

最後の試練はヒドラの庭だ。原作の描写を離れ、美しい日本庭園に、はっきりと母のイメージをまとった芝のぶがナウシカを迎える。原作を踏まえなければ理解の難しい場面だが、初見の観客にもナウシカを包み込む母の「声」こそが脅威なのだとわからせる女形の技術。再びナウシカを救うのは「耳を貸してはいけない」という歌昇セルムの声である。

心地よさへの安住を拒むナウシカ歌舞伎の旅が、その果てに響かせるのは墓の主の声だ。担うのは、そこにはいない吉右衛門である。道化である種之助の体を通して発せられるその声の、静かな圧。

一方、対峙するナウシカ、菊之助の声は、しなやかな聡明さに満ちている。すべてを知っている者の声。墓の主以上に、ナウシカは知っている。戻りを果たした歌六のヴ王が言う「破壊と慈悲の混沌」を抱いた声である。

切って落とされた戦いは、今度は墓の主の精として高潔さを煌めかせる歌昇と、オーマの精として顕現した右近。それぞれが残影を引き連れながらの連獅子となる。あるいは石《しゃっ》橋《きょう》と呼ぶほうが相応しいほど、激しい浄瑠璃が能の謡へと接近する。

原作では事切れ、読めない文字として表現されていた最後のつぶやきを、右近のオーマははっきりと口にする。

「泣かないで」

黄昏の日本で、その声を聞いたのはナウシカだけではないだろう。

金色の空に真っ赤な朝日が昇る。

青い衣の菊之助はその前に立つだけでよかった。風の谷のナウシカはたしかに歌舞伎となった。

荒ぶる芸能の本性

2020年4月

新型コロナウイルスは人を選ばない。だが、その影響にはとても偏りがある。ライブエンタテインメントに関しては、いまのところ全滅に近い状況である。

政府の緊急事態宣言を受け、ついに市川海老蔵の「十三代目市川團十郎白猿」襲名披露公演が延期となった。予定では五、六、七月と歌舞伎座にて三ヵ月間。すでに演目も出演者も発表され、週末にはチケット発売も控えていた。苦渋の決断だったと思われる。

わが子と一緒に最近の「えいごであそぼ」の録画を見ていると、ほりこしさんのコーナーに海老蔵の子供たち――麗禾《れいか》ちゃんと勸玄くんが出ていた。英単語カルタに前のめりに臨むカンカンを見ていると、これまでもこれからも成田屋にはどれほど試練が与えられるのだろう、と胸が締め付けられる。

国立劇場で三月に予定されていたものの、全日程中止となってしまった菊之助一座による『義経千本桜』。無観客映像がＹｏｕＴｕｂｅで期間限定配信されており、興味深く見た。

ゲネプロとも違う。たとえゲネでも、ほとんどの場合、客席に関係者やプレスが入る。しかし、こちらは完全なる無観客だ。稽古での「通し」とも異なる。あくまでこれは、無人の客席を前に、「本番」として上演される歌舞伎なのだ。

菊之助はこうコメントしている。

「カメラの向こうにお客様がいらっしゃることを思い描きながら、精一杯演じました」

無観客である上に、国立劇場の小劇場という密な空間。通常公演の映像とも異なる奇妙な印象が、画面越しに伝わってくる。

息を呑んだのは大物浦《だいもつのうら》、碇知盛のクライマックスだ。

「さー！　らー！　ばー！」

菊之助演じる知盛は、身体に縄を巻き付けると、碇を持ち上げ、後方の海へと放り投げる。するすると縄が落ち、両手を結んでの背ギバとなる。本来なら盛大な拍手で盛り上がるところだ。しかし無観客ゆえに、知盛がふっと消えると、無音の間となった。一瞬のエアポケット。引きの画に切り替わっても依然、無音のまま、知盛の入水を見届けた安徳帝と義経が踵《きびす》を返す。なんというクールさ。無人の空席を超えて、彼らの奥に秘めた感情が飛沫となって画面に横溢する。二人のその後の運命が、私たちの現在にまで感染するかのようだ。

三月二十二日、国立能楽堂では「三人の会」が予定されていた。観世流宗家、銕仙会、梅若会それぞれの期待の若手シテ方である坂口貴信、谷本健吾、川口晃平による年に一度の公演である。かつ、今回は五周年の節目。ただ、こちらも状況を鑑みるに中止はやむをえないだろう。そう思い込んでいた私は、予約していたにもかかわらず、同日に別の用事を入れてしまった。しかし、十九日の時点で、開催がアナウンスされた。

当日、所用を早めに切り上げ、国立能楽堂に滑り込むと、『松風』が始まるところだ。毎回満席だった見所の入りは六割程度。皆、自主的に間隔をとって座っている。シテ松風の亡霊は川口晃平。須磨の浦、月下の汐汲みだ。外界の現実を引きずる私の意識には、舞台が月面のクレーターに映る。月を眺めるのではなく、月から見つめている。松の木に懸ける過去の恋への妄執は、いまや平穏な日常への憧憬と化す。

仕舞を挟み、最後はシテを坂口貴信が務める『船弁慶』だった。

源義経の逃避行。こちらも月夜である。大物浦にたちこめる不穏な空気。前シテ静御前が一向の無事を祈り、舞を披露する。彼らのその後を知る私たちにとっては、甘美であればあるほど痛切な舞だ。

やがて漕ぎだした船を、暗雲が包む。揚幕を半分上げた奥に今度は後シテ平家の怨霊、平知盛が控えている。一度幕が下がり、再び上がると、知盛は早笛に乗り、一気呵成と義経一行に肉薄する。流レ足も挟んだ速さに、おもわずこちらがたじろぐほどだ。

「そのとき義経、少しも騒がず」

静と動のコントラストを、地謡と囃子方が彩る。杉信太朗の激しい笛の音は嵐を呼び、亀井広忠の大鼓の響きが稲妻を走らせる。ひたすら祈るワキ弁慶を務めるのは宝生欣哉《ほうしょうきんや》である。

悪霊と化したシテが、黒い影となって何度も何度も押し寄せる。

これまで観た『船弁慶』では、このグルーヴに興を感じることができた。だが、いまは息を呑むばかりだ。源義経に、平家の敗将たちにこそ想いを寄せてきた、荒ぶる芸能の本性を見た気がする。

図夢歌舞伎とART歌舞伎

2020年6月

　ワーカホリックといえばそうだろう。コロナ禍で舞台公演の自粛を余儀なくされている歌舞伎界で、松本幸四郎と中村壱太郎の八面六臂に目を瞠る。

　ひょんな縁で日本俳優協会と伝統歌舞伎保存会が運営するＹｏｕＴｕｂｅチャンネルの制作に携わることになった。五月にスタートし、週二本ペースで動画をアップしている。この構想段階からブレストを重ねてきた相手が、他ならぬ幸四郎と壱太郎だった。

　最初の打ち合わせから、幸四郎の溢れる創作意欲に驚かされた。この日、幸四郎は壱太郎がなにかの折に朗読した音源を、勝手にオリジナルＣＤに仕立ててくるというネタを仕込んできた。

「家に籠もっていると、こんな遊びにばかり時間を使ってしまうんですよ」と幸四郎。カバーアートもフォトショップで作ってある。その場の私たちを笑わせるためだけに、だ。

ＹｏｕＴｕｂｅでなにか、ということまで決まると、すぐに幸四郎は自らの隈取動画と、父・白鸚《はくおう》のメッセージ動画を撮影してきた。

「歌舞伎ましょう」というチャンネル名を考えたのも幸四郎だ。名のある俳優だけではない。彼らを支える名題下や、竹本ほか演奏者など、活動の場が奪われている協会員たちが自ら発信できるチャンネルをつくれないか。すぐさまそれを壱太郎が企画書にまとめあげ、協会のしかるべき承認を経て、ＹｏｕＴｕｂｅの開設に至った次第だ。

このタイミングと前後し、幸四郎の活動に拍車がかかる。

延期となった公演をベースに四十七人の舞踊家たちとリモートでつくり上げた舞踊作品『夢追う子』を、ＮＨＫ「にっぽんの芸能」の番組内で公開。幸四郎自身もスタジオで初めて完成映像を見たというから、本当にギリギリの進行だったのだろう。

また、公演のままならない状況に危機感を抱いた松竹芸文室の戸部和久ら有志と呼応し、有料でのトーク配信企画『歌舞伎家話』も開始。第一回で尾上松也とリモート対談を行った。

これは、ある公演企画の副産物という側面もあったようだ。Ｚｏｏｍを使った歌舞伎——すなわち「図夢《ズーム》歌舞伎」である。『仮名手本忠臣蔵』全十一段を五回に分け、毎週土曜にライブ配信するという試みだ。

記念すべき第一回ライブ配信は、歌舞伎座の昼の部と同じ午前十一時スタート。私もリアルタイムで鑑賞したのだが、江戸城松の廊下での高師直のクローズアップなど斬新な演出もありつつ、壱太郎演じる顔世御前の音声が聞こえないなど、機材トラブルも少なくなかった。

協力クレジットに、劇団ノーミーツ。おそらくは同劇団がZｏｏｍ演劇として成功させたバストショットつなぎを中心とする台詞劇を志向していたのだろう。だが、視聴者のフィードバックを得ることで（配信にはコメント欄がある）、拵えや大道具を実際の歌舞伎に近づけることや、斬新なカメラワークこそが求められていると気づいたのか、市川猿之助が加わった第三回配信以降、図夢歌舞伎はより映画的な表現へと向かう。事前撮影したカットも増え、ライブパートとのブレンドに心血が注がれるようになった。

時同じくして、壱太郎は個人でも動き出す。「歌舞伎ましょう」とは別に、「かずたろう歌舞伎クリエイション」という個人でのＹｏｕＴｕｂｅチャンネルをスタートさせた。たとえ公演ができなくても作品を発表できる場を求めてのことだ。

さらに図夢歌舞伎への参加と並行して、新たな歌舞伎の創造へと向かう。きっかけは、湘南乃風の若旦那こと、ミュージシャン・新羅《にら》慎二の誘いだった。

「かずくん（壱太郎のこと）、なにか配信でやってみない？」

当初はなにか二人でできれば、ぐらいのノリだったという。しかし、想像以上に壱太郎の創作意欲が爆発する。

通常の歌舞伎の拵えや小道具・大道具が使えないという制約が、瓢箪から駒となる。へアメイクに冨沢ノボル、衣裳に里山拓斗、さらにフラワークリエイターのedenworksなど、世界水準のスタッフワークを得ることで、壱太郎のインスピレーションが覚醒したのだ。

壱太郎はすぐさま盟友・尾上右近の協力をとりつけると、日本舞踊家の花柳源九郎、藤間涼太朗、さらに第一線の和楽器奏者らを招集。最初の顔合わせの挨拶で、右近が言った。

「かずさんは、僕らに見たことのない景色を見せてくれるはずです――」

その言葉を裏切らない、圧倒的クオリティの配信公演が実現する。


舞台は靖国神社の能楽堂。

ＡＲＴ歌舞伎は、四幕の舞踊で構成されている。

一幕目は『四神降臨』。四方《よも》の神がテーマとなっている。青龍・壱太郎と中井智弥（箏・二十五絃箏）、朱雀・源九郎と藤舎推峰《とうしゃすいほう》（笛）、白虎・涼太朗と浅野祥（津軽三味線）、玄武・右近と山部泰嗣《たいし》（太鼓）――それぞれ演奏家と出演者のマッチアップが楽しい。右近の堂々たる見得に、嬉しさが溢れている。

浅野による民謡「豊年こいこい節」で始まる二幕目『五穀豊穣』では、太鼓と三味線の超絶技巧に身も心も躍る。

三幕目は、三番叟から着想を得たという『祈望祭事』。くり返しのもたらすトランス感覚が、翁の原型を思わせる。壱太郎と右近の藁に包まれた衣裳も、アニミズムを彷彿とさせる。

メインともいえる四幕目、『花のこゝろ』は舞踊劇である。

男と女、輪廻の出会い。壱太郎のドライフラワーのヘッドセットと、右近の濡れた髪。乾いた諦念と、現実への情念。カットつなぎが映画に接近する場面もあるが、随所に組み込まれた歌舞伎的演出こそ光る。ストーリーを運ぶのは、友吉鶴心《ともよしかくしん》の琵琶語りだ。芸能と祭祀のルーツが自然と溶け込んでいる。いやもっと多くのものが溶け合っていたかもしれない。激しい雨を射貫くレーザー光線の美しさ一つとっても、ピンク・フロイドらをルーツとするライブエンタテイメントにおけるライトショーの歴史の賜物ともいえるのだから。いずれにせよ、ＡＲＴ歌舞伎のクオリティは、歌舞伎の配信公演の一つの基準を打ち立てたと言ってよい。

一方で、幸四郎も図夢歌舞伎を磨き続け、配信最終回では、画面をスプリットスクリーンにしての見事な立ち回りシーンも生み出した。

アフタートークできっかけを振り返りながら、よぎるものがあったのか、幸四郎が言葉を詰まらせた。目に光るものが溢れる。感慨もあっただろうが、私はそこに重責を果たした安堵を見た。

出雲阿国から四百年強。何度禁じられても、歌舞伎の生命力が断たれることはなかった。

八月、歌舞伎座が開く。

ＡＲＴ歌舞伎より　中村壱太郎　©KSR Corp.

八月、歌舞伎座が開いた

2020年8月

ついに歌舞伎座が再開した。

八月花形歌舞伎。ここ数年、八月の納涼歌舞伎は三部制が定番だが、今回は幕間なしの四部制。演目も舞踊が中心だ。

本来なら、五月から三ヵ月かけて海老蔵の市川團十郎白猿襲名披露興行が開催されるはずだった。そのありえたかもしれない世界では、東京五輪も開催されていただろう。これほどの厄災であれば、その「ありえたはずの世界」こそが日常の延長であり、自分たちのいる現実のほうがどこかでボタンを掛け違えた世界に迷い込んでしまった気にもさせられたりするものだが、このコロナ禍が興味深いのは、「ありえたはずの世界」にどこか軋みが生じていたことを顕わにしてくれた、という点にこそある。そしてもはや過去か未来かわからないが、なんらかの分岐点へと強制移動させられたという感覚がするのは、私だけだろうか。

襲名披露興行よりも——といってもその興行のためになされたことでもあるのだが、四月に歌舞伎座が営繕を行っていたことも不思議な巡り合わせに思える。アルコール消毒だけではない。舞台の檜板まで張り替えを終えて、歌舞伎座は開場を待っていたのだ。

すぐ完売してしまうかもしれない。上演時間が短いぶん、料金も安く抑えられているし、ソーシャルディスタンシングによって客席数も限られている。私は発売開始時間と同時に松竹のチケットサイトである「チケットWeb松竹」にアクセスし、四部すべてのチケットを押さえることに成功した。だが後日、友人からチケット購入を頼まれ、再び同サイトにアクセスして驚いた。残席数に応じ、「○（空席有り）」「△（空席わずか）」「×（空席なし）」と表示されるのだが、ほぼ全日程・席種において「○」となっていたからである。

八月四日、第四部観劇。やはり、客席は厳しい入りだ。満員となると思った私の感覚はズレていたと言わざるをえない。だが、舞台と客席の一体感は、開演前の片岡亀蔵の場内アナウンスの時点で、すでに格別。このアナウンスは、出演者が各回日替わりで担当しているという。

『与話情浮名横櫛』から「源氏店」。冒頭の妾宅の場がカットとなり、中村児太郎演じるお富の板付きから始まる。お富が亀蔵の藤八に、ソーシャルディスタンシングを保ちながら、棒を使って化粧を施すという演出がシュールだ。

松本幸四郎演じる与三郎は、あたりの柔らかさにかつて若旦那であった名残りを残す。そこには、お富に再会したことへの戸惑いも感じられた。

「しがねえ恋の情けが仇」

本来なら大向こうが飛ぶ名台詞だ。しかしいまはこのひと言が聴けたという一念で、間引いた客席が一つとなる。与三郎はお富に恨み言をぶつけながらも、戸惑いはやがて喜びとなって、こぼれる。再会は再開でもある。

翌八月五日も歌舞伎座へ。

この日は第一部から第三部まで観劇予定だった。

第一部は『連獅子』。片岡愛之助の場内アナウンスと前後して、晴海通りからかすかにサイレンの音が響く。上演中もすべての扉が開け放たれているためだ。

愛之助の親獅子の精、中村壱太郎の仔獅子の精による勇壮な獅子の毛振り。人数を絞り込んだ地方は、みな黒いマスクを着用している。意外にもこれが儀式性を高め、いましか味わえない高揚感をもたらしていた。

第二部は、中村勘九郎と坂東巳之助による『棒しばり』。亡き二人の父、十八世勘三郎と十世三津五郎もコンビで得意とした演目だ。真剣さとユーモラスさ。矛盾ではない。太郎冠者も次郎冠者も酒が飲みたくて必死なのだ。客席も泣き笑いである。特に巳之助の思い詰めたような表情が印象に残った。

第一部、第二部と松羽目物が続くのには意味がある。今回、歌舞伎座は、感染予防対策のため、各部ごとに出演者スタッフを総入れ替えする方式をとっている。能狂言をベースにした松羽目物であれば、羽目板など舞台美術を転換する手間が省けるというわけだ。

さらに第三部の幕があくのを、歌舞伎座隣りのカフェ、プロントで待っていると、ツイッターのタイムラインに思わぬ情報が流れてきた。なんと第三部が上演中止。理由は――舞台関係者の微熱だという。

目の前まできて観られないのは無念だが、感染予防対策の厳重さはかえって頼もしい。しかも、前述した人員総入れ替え対策をとっていたため、第四部は通常どおり上演された。また、当該関係者もすぐにＰＣＲ検査を行い、陰性が確認されたとのこと。翌日には第三部も上演再開となった。


というわけで今月三度目の歌舞伎座へ。八月十二日に第三部観劇。『義経千本桜』より舞踊「吉野山」である。

今回の八月花形歌舞伎には放映中の人気ドラマ「半沢直樹」に登場する役者が三人も出演している。市川中車、片岡愛之助、そしてこの時期、半沢ドラマの展開上でも最も注目されていたといって過言ではない伊佐山部長こと、市川猿之助である。もしドラマがきっかけで歌舞伎座を訪れた観客がいたとして、実は人ならざりという、猿之助の狐忠信を見れば、この俳優の融通無碍《むげ》な魅力にどこかしらあの怪演の種を見たのではないだろうか。同時に、七之助演じる静御前の美しさに戦慄した可能性も大きい。

全般を通して、歌舞伎座の感染予防対策は見事といってよい。それでも、万が一の可能性はある。入場時の検温や消毒といった段取りも、日々細かくアップデートされているという。

なにより劇場や興行のシステムがどのように組み替わろうとも、歌舞伎がそれにあわせて自在に変化するのだ。激しい外圧こそが、歌舞伎の活力であったことを思い出させるかのごとく。

第二部

ざわめく寄席演芸

ダウンタウン以降の自覚

2015年5月

開場前から末広通りにかなり長い行列ができていた。深夜寄席ではまれに見る光景だが、普段よりも客層が若い。

若さはニオイにも現れていた。左右の桟敷席には靴を脱いで上がるのだが、投げ出された足やスニーカーが臭うのだ。不快かといえばそうでもなく、蒸れた熱気により、立ち見までぎっしりと埋まった新宿末廣亭がライブハウスのようにさえ感じられる。

会の名は「五派で深夜」。通常の深夜寄席と異なるのは、普段は寄席に出られない立川《たてかわ》流と円楽一門の若手も出演するという点にある。

ゴールデンウィークまっただなかの五月一日。この夜の出演者は、立川流から立川吉笑《きっしょう》、円楽一門から三遊亭鳳笑《ほうしょう》、落語協会から初音家《はつねや》左吉、落語芸術協会から神田松之丞《まつのじょう》（現・伯山）、さらに上方から元・世界のナベアツこと桂三度《さんど》である。

ダウンタウン以降の落語家として……いや、そもそも「ダウンタウン以降の芸能者である」という自己認識を持つ落語家がどれだけいるのかも怪しいところだが、少なくともその宿命を自覚的に背負い、現在のお笑いの革新性や実験性を理解した上で、落語をリブートさせようとしている吉笑が、ダウンタウン一派といっても過言ではない三度との競演を意識しないわけがなく、どんな噺をぶつけてくるのかをまずは見たかった。もう一人、講談の神田松之丞にも注目していた。少し前から、松之丞見るべしの声をよく聞いていたからだ。

そんな吉笑と松之丞を向こうに回して、三度がどのような高座を務めるのかも、もちろん気になるところだ。

ざわついた空気のなか、一番手、座布団を自分で用意しての鳳笑が、今宵がこの会の動員記録を更新する客入りになったことを告げる。ネタは『猫と金魚』。なぜか鳳笑が引っ込んでから、高座にマイクがセッティングされる。そんな混乱もあいまってライブ感は加速するなか、二番手で吉笑が登場するなりぼやいた。

「やっぱり寄席は、立川流と円楽一門には厳しいですねえ」

初めて起こった爆笑に、会場の歯車が噛み合い、ぎりぎりと回り出す音が聞こえた。

吉笑が掛けたネタは『舌打たず』。

八っつぁんがご隠居を訪ねる。

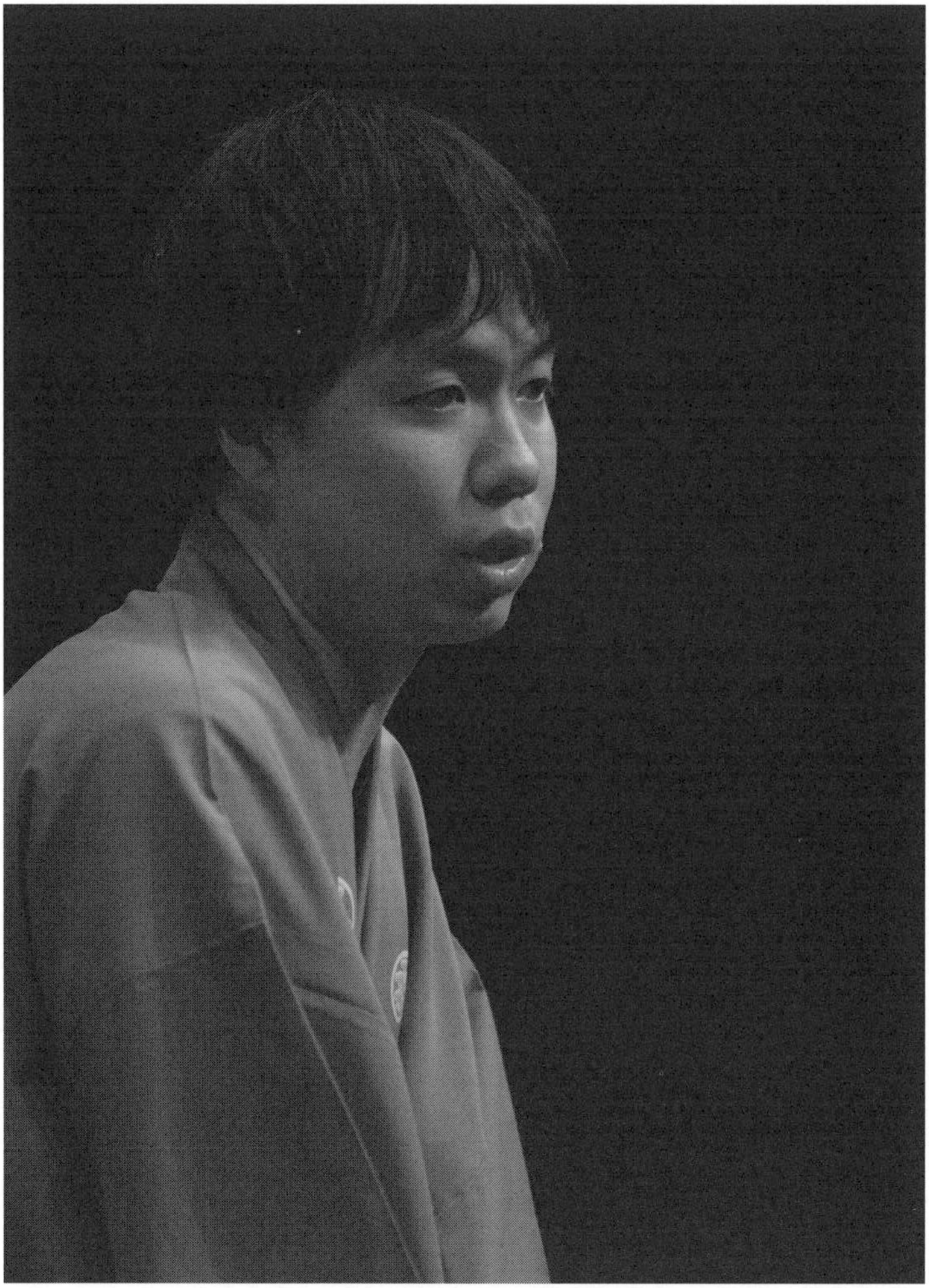

立川吉笑　撮影：橘蓮二

「どうも！　いますか？」

「おや、八っつぁんかい。まあ、お上がりよ」

古典落語の『道灌』と同じ導入だ。しかし、「こんちわ！」の前に「チッ」と舌打ちが入る。初見の客には聞き苦しいノイズに思えたかもしれない。ただ、この舌打ちが意図的なものであるとわかるにつれ、舌打ちの量と比例して、客席の笑いも大きくなる。

一見、古典のように見せかけた擬古典の手法が効いている。『舌打たず』は「舌打ち」と「感情」の相関関係をめぐるロジカルなネタだが、設定を現代に置き換えたり、いまっぽいフレーズを挿入するような安易な新しさではなく、脈々と受け継がれてきた落語の内包する過激さを、あくまで古典風を装いながら、増幅させているのだ。

しかし、この日のテンポはいつも以上に速かった。

若手の人気お笑いコンビ・うしろシティのライブにゲスト出演した吉笑が、やはり『舌打たず』で若い女性中心のお笑いファンを摑む現場を目撃したことがある。そのときも速かった。普段の落語がロックンロールなら、あのテンポはパンクロック。九〇年代に立川志らくが若者ファンを摑んだ『火焔太鼓』のジェットコースター感を思い起こしたりもしたものだ。しかし、この夜の『舌打たず』はさらに速い。間もへったくれもない。ほとんどハードコアパンクである。それでも客席を置き去りにはしていない。ツーバスのような舌打ちが笑いのうねりを生み出していく。

左吉の『町内の若い衆』を挟み、釈台を自ら運びながら松之丞が登場。

最前列の客をいじりながら神経質そうなところを見せたかと思いきや、緊張感を一気にほどき、落差で笑いをつくった。少しの間の抜き差しだけで、自らの空間を起ち上げてしまう。

演目は『寛永宮本武蔵伝　山田真龍軒』。二刀流と鎖ガマ、その息を吞む攻防。緩急のメリハリと、型の美しさ。講談とはストーリー・テリングである、という当然のことを思い知りながら、でもそれをここまでクールにやってのける若手講談師は初めて見た。松之丞を通して講談の未来を垣間見たような錯覚すらあった。

トリで三度が高座に上がる。

じゃんけんに負けたことで、この出順になったのだという。そんな偶然にすら、運命を感じる。この流れでどんな噺をぶつけてくるのか。

『寿限無』だ。シビレた。

基本中の基本とも言える前座噺だが、それゆえ聴かせる難しさもあるこのネタに、ミスチル風の節回しや、ビデオの早送りといった放送作家的な発想を加え、確実に客席を仕留めてみせる。

三度は吉笑の存在を知っていた。深夜番組の大喜利企画における吉笑の回答を見て、その落語家離れした発想が気になっていたという。

談志が「伝統を現代に」と掲げたのが五十年前。むしろいま、お笑いの最先端から落語へと触手が伸びている。

今年、吉笑はある音楽フェスに開口一番として出演し、両国国技館で高座を務めたが、すでに昨年、千原ジュニアは同じ両国のステージに三六〇度回転する高座を設置し、新作落語を披露している。とはいえジュニアの落語は、コントと比べると、伝統がまだ演出の制限となっているように見えてしまってはいたが。

座布団に座るからこその「自由」があるはずなのだ。

伝統を現代に。ダウンタウン以降の落語家、吉笑はいま、そのことを改めて考えようとしている。

鋭利なほどの愚直さ——神田松之丞

2015年8月

新宿ケイズシネマの『MOOSIC LAB 2015』三日目に足を運ぶ。MOOSIC LABとは気鋭の映画監督と音楽家をコラボさせ、コンペ形式で競わせる映画祭である。音楽映画というジャンルは昔からあるが、同映画祭は、その〈音楽×映画〉のクロスポイントをYouTube以降の基準に更新すると同時に、二本立てという上映形態やミュージシャンたちによる演奏も積極的に絡めることで、映画館の持つ「ライブ現場」としての潜在能力を引き出す。

このような映画館の使い方はMOOSIC LAB以降、各地のミニシアターでも散見されるが、同時にこれは七〇年代ニューヨークのミッドナイトムービーに先祖返りしているとも言えるのかもしれない。

この日、同映画祭で私が観たのはコンペ作品ではなく、招待作品として上映された一本の音楽ドキュメンタリーだった。ラッパーのＯＭＳＢ《オムスビ》（ＳＩＭＩ　ＬＡＢ）とＢ・ｉｍ（THE OTOGIBANASHI'S）の二人が、アパートの一室に籠もり、ある楽曲を生み出すまでを追った映画『ＴＨＥ ＣＯＣＫＰＩＴ』（監督・三宅唱）である。

スタンダードサイズのスクリーンに正対したＯＭＳＢがサンプラーでビートをいじりながら、トラックを組み上げていく。リズムに乗せ前後に揺れるＯＭＳＢの頭部はいまにも画面から飛び出してきそうだ。

トラックが完成すると、今度はリリックの作成にとりかかる。スニーカーの箱にマジックでなにやら記号を描き込むと、そのなかで二人はスーパーボールを転がしながら、架空のゲームを妄想し、言葉を紡ぐ。

最後はレコーディングだ。同じフレーズを納得がいくまで発話し、身体にこすりつけるＯＭＳＢ。四対三の四角いフレームのなかで繰り返されてきた労働の産物は「Curve Death Match」という楽曲に結晶化し、横移動のカメラとともに解き放たれる。

上映後、私は新宿から渋谷に移動する。

山手線の車窓を横移動で流れる景色。たどり着いたのは円山町のユーロライブ。ここで月例企画「渋谷らくご」を観るのだ。

ユーロライブは昨年十月までオーディトリウム渋谷という映画館だった。他ならぬ同館こそ、『恋の渦』（監督・大根仁）や、『劇場版 テレクラキャノンボール２０１３』（監督・カンパニー松尾）などの上映を通じて、ライブ現場としての映画館の可能性に先鞭をつけたハコである。

同館が、看板をつけ替えることで、コントや落語、トークライブなどを行うユーロライブへと装いを新たにした。すでにお笑いと小劇場の融合を図る興行を開催するなど、舞台の新しい潮流を生み出すべく果敢に攻めてはいるが、まだ上手く機能しているとは言いがたい。

唯一、見巧者・サンキュータツオのキュレーションにより、若い客層を集め、盛り上がりを見せているのが、シブラクこと「渋谷らくご」である。

シブラクが画期的なのは、真打ちや二ツ目といった序列からいったん離れ、独自のルールを設けることで、まずは初心者に向けて落語そのものの魅力を伝えることを最優先している点だ。

そんなシブラクの精神を象徴する一人が、この日も出演した神田松之丞である。落語家ではなく、講談師。今年五月のシブラクでは、二ツ目にもかかわらず、橘家文左衛門、春風亭一之輔といった売れっ子師匠たちのあとに高座に上がり、トリを務めた。

これまで私は、松之丞の高座を四度聴いている。そのすべてが鮮烈だった。名人ともちがう、そのジャンルの未来を切り拓く芸人だけが持つ迫力がある。かつて三代目山陽《さんよう》に感じた自由さとも異なる、鋭利なほどに真っすぐな愚直さ。講談に惚れ込むことでその芯を抉っている感触が、松之丞にはある。

この日、松之丞は、立川こしら、三遊亭遊雀《さんゆうていゆうじゃく》、神田松之丞、立川生志《しょうし》の並びで高座にあがった。掛けたネタは『浪花侠客伝　違袖《たがそで》の音吉』。

往来でやくざの親分と魚売りの少年・音吉が一悶着を起こす。生意気なクチをきく音吉に、サッと脇差を抜く親分。ここからがすごい。ピンチの際に読むべしと渡されたジイさんの遺言を開封する音吉。そこに書かれていたのは「なんとかなる」の文字。あちゃ〜とばかりに今度はババさんの遺言を開くと——。

あとの展開はぜひナマで体感してもらいたいが、特筆すべきは、このくだりを貫くユーモラスな感覚だろう。一般に講談はト書き、落語は会話に重点の置かれる芸とされるが、実際のところ講談にも会話は多い。ただし講談での会話シーンは、張り扇でリズムを刻む、いわゆる講談調の状況説明に比べると、どうしてもテンポが落ちる。落語に接近してしまう。しかし、松之丞による会話シーンは映画的なカッティングとキャラクター的な味つけで、そのまま突っ走るのだ。

もちろん高座の語りに映画的な技法を導入する先達は少なくない。ただ彼らの多くがそれを近代的なドラマ演出として活かすのに比べ、松之丞のそれには、構図にさえも物語を圧縮して詰め込むマーベル映画のような快活さとスピード感がある。それも新しさではなく、もともとあった講談のポテンシャルだと思わされるところに、松之丞の非凡さを見る。そもそもこの『違袖の音吉』にしても、松之丞の読む内容自体は、大師匠である二代目山陽の台本にほぼ忠実だというから驚きだ。

シブラクが元映画館で開催されることの意義は小さくない。

かつて談志は「オレのいる場所が神殿だ」と言った。武道館でも（談志の発言は小朝《こあさ》の武道館独演会を意識したものだった）、国立演芸場でも、焼肉屋の二階でも、そこを自らと客のための特別な場所にするのが芸のチカラだと。一理ある。

ＯＭＳＢとＢｉｍがスニーカーの箱を使った妄想のゲームからリリックを生みだしたように、場所と演者と観客の持つ文脈が交わることで浮かび上がる架空の闘技場を幻視しよう。そのとき若き芸能者たちは、古典芸能に眠る間テクスト性をリングに召喚する。

音吉と親分のカーヴデスマッチ。釈台の松之丞のパワフルな口調は、コックピットのＯＭＳＢの高速フロウとクロスカウンターを撃ち合う。

松之丞の講談は、なんでもありの闘いでこそ映える。

神田松之丞とその時代

2015年5月

神田松之丞は突然変異《ミュータント》の人ではない。

釈台を挟み、観客と一人で対峙する。そのとき、彼を講談師たらしめているのは、辻講釈に始まる数百年の歴史という縦軸と、師弟・一門・協会といった関係性の横軸の交錯である。なかでも師弟関係は、彼の存在を支える最大の根拠となる。師匠・神田松鯉《しょうり》あってこその松之丞の働きでもあるのだ。

いっとう最初にそのことを踏まえつつ、現在進行形である神田松之丞の快進撃と、それをとりまく時代背景を見ていきたい。

松之丞がこの世界を志した原点の一つに、故・立川談志の存在がある。

言うまでもなく、談志は落語界の巨星であった。談志の著書『現代落語論』に感化されて落語家を志した人間は、有名無名問わず数知れない。と同時に、談志の導きがきっかけとなり、講談に、あるいは浪曲に身を投じたという若者たちも、ちらほらといるのだ。

ミュージカル映画や歌謡曲、手塚マンガほか数多の娯楽・芸能を愛した談志だったが、とりわけ寄席演芸については、当時まだ存命だった明治の息吹を残す芸人たちの魅力を滔々と説き、自身も講談や浪曲由来のネタを好んで高座に掛けた。談志はそのキャリアを通じて、落語にとどまらず、寄席演芸全般の水先案内人の役割も果たしていたのである。

談志はまた、『現代落語論』における「伝統を現代に」、あるいは続く『あなたも落語家になれる——「現代落語論」其二』における「人間の業《ごう》の肯定」といったフレーズに象徴されるように、落語という話芸に「現代人のリアリティに耐えうる強度」を吹き込んだ。

談志のこの変革がなければ、落語はとうに大衆芸能の地位を失い、高尚な伝統芸能として保護されるべき対象となっていたかもしれない。

平成年間に何度か起こったとされる「落語ブーム」は、この談志の変革の影響下にあったといっても過言ではない。

「古くてありがたいもの」だけでは、人気は続かない。気づけば落語には、「面白く、かつ現代人の心を打つもの」という要素が具わっていたのである。

松之丞がいま自らのネタに施している工夫も、この談志の変革に通じるところがある。

客を呼ばねば、大衆芸能としての命脈が絶たれてしまう。なにより松之丞の講談は現代人の心を打つ。

ただ、松之丞自身は、究極的には、「現代の観客にウケるかどうか」とは別の次元に、講談という芸の凄みを見ている気がする。おそらくそのズレは、晩年の談志が「江戸の風」ということを言わねばならなかった屈託にも似ている。

それでも松之丞がよいのは、まだ二ツ目だということだ。

いまはまだ、これでいい。講談のスポークスマンとなり、落語ファンを、尖ったモノ好きの若者を、人気者が大好きな世間を、全力で振り向かせる。その上で、講談を目指す者の絶対数を増やす。そのことを最優先に置くべきなのだ。

そんな松之丞を待っていたかのように、平成も終わりに入り、落語界に新しい潮流が起こる。

何度目かの「落語ブーム」と言われる。たしかに充実した芸で人気を博し、メディアでも引っ張りだこの真打落語家は何人もいるし、落語自体がエンタメコンテンツの題材になることも少なくない。

ただ、いま起きている「ブーム」には、もう少し具体的なタネがあるように思えるのだ。近年、落語がメディアで取り上げられるときの切り口を逐一、検討してみるならば、こうも言えるのではないか。「二ツ目ブーム」と。

他ならぬ松之丞が、講談師という肩書きにもかかわらず、この二ツ目ブームを牽引している。

若者の街である渋谷で、サンキュータツオのキュレーションのもと、若手真打や二ツ目を中心にした番組編成をする「渋谷らくご」が、演芸界に新しい観客層をもたらしている。二〇一五年五月、松之丞はその渋谷らくごで、初めて二ツ目としてトリをとった。

松之丞もメンバーである落語芸術協会の二ツ目落語家によるユニット「成金」もまた、二ツ目の意味を少し変えた。あるいは、更新したという言い方もできるかもしれない。

改めて顔ぶれを見てみよう。

香盤順に、柳亭小痴楽、昔昔亭《せきせきてい》Ａ太郎、瀧川鯉八《こいはち》、桂伸三《しんざ》（現・伸衛門）、三遊亭小笑《こしょう》、春風亭昇々、笑福亭羽光《うこう》、桂宮治《みやじ》、神田松之丞、春風亭柳若、春風亭昇也。

ブログやＳＮＳ、動画配信など個人単位での情報発信がかつてなく容易になった時代だ。それらのツールはまずもって宣伝告知に使われるようになる。が、それ以上に重要な作用がある。「バックステージの可視化」だ。

移動中や楽屋、打ち上げでの写真画像一枚が、雄弁に語る。松之丞が高座でまとう孤独の匂いや根源的な暗さはご存じのとおりだが、そんなニヒルな男が仲間に囲まれ、いじられ、はにかんでみせる素の表情に、ファンは魅了されてしまう。

画像だけではない。マクラにラジオにブログにＳＮＳのタイムライン。ファンは各人の性格や嗜好、関係性などを、オンライン／オフラインを問わずにちりばめられた断片から読みとり、思い思いに物語を組み立てて楽しむようになる。これは、現代のアイドルが総じて「グループアイドル」になっていったプロセスとも似ている。

これまでも、落語家ユニットはあった。だが、それはある程度、芸を成した者たちの物語の交錯を楽しむものだった。

一方、二ツ目ユニットである成金を構成するのは、これから芸を修めようとする若者たちの「チーム男子」感である。

映画や音楽の世界でも起きている「メジャー／インディー」の流動化が、演芸界にも及び始めた、という見方もできるかもしれない。すでに真打よりも集客する二ツ目落語家は存在するだろう。

芸の継承という点では、諸手を挙げて歓迎できる状況ではないかもしれない。ホンモノに金が落とされない、という事態を招くことにも繋がりかねないからだ（わが国の洋楽シーンでは、すでに世界的ヘッドライナーの来日が大型フェス以外では困難な状況になりつつある……）。

とはいえ、二ツ目という中間層の充実が演芸界全体の底上げに貢献しているのもまた、まぎれもない事実である。

落語家の数が東西合わせて九百人に及ぼうとする一方、講談では長らくアクティブな演者が百人を切るという状況が続いている。「絶滅危惧職」と言われるゆえんだ。しかし、ここにきて入門者は確実に増えつつあるという。

江戸から明治にかけて醸成された芸能が、洗練を経て、昭和のあたまぐらいまでに伝統を樹立する。現在は、その伝統や芸の真髄を肌で知る最後の世代が、いよいよこの世から去りゆく時期でもある。

これは寄席演芸にかぎった話ではない。歌舞伎や能狂言、文楽その他、さまざまな伝統芸能の現場で起きていることだ。

かぎりなく完成に近づいた、極上の芸は素晴らしい。まだ、間に合う。中村吉右衛門も坂東玉三郎も梅若実も井上八千代も一龍斎貞水も柳家小三治も、できうるかぎりこの眼に焼きつけたい。

と同時に、何かの途次にある者が未来を切り拓こうとする瞬間からも目が離せない。松之丞のような芸能者と同時代に生きる喜びや、ドキュメンタリー的な面白さは、本書の読者諸兄姉にはいまさら説明不要だろう。

日常のノイズを炙り出す浪曲——玉川太福

2016年3月

工場に勤務するブルーワーカー風の男が二人、地べたに座ってお菓子をつまんでいる。歳は離れている。

年上の男は五十代ぐらいか。常用薬を飲みながら若い男に尋ねる。

「もう五年ぐらいやってるんだっけ?」

「十八のときに始めて、いま二十八なので」

「じゃ、もう十年?」

「はい、丸十年です」

この〝丸〟に年上が引っ掛かる。

「おい、『十年』と『丸十年』は違うのか?」

その後、会話はこの「丸」を巡り、奇妙な方向へと展開する——。

日常の些細な言い回しや、そのズレを顕微鏡で拡大したような映像コントだ。人によってはシティボーイズあたりを思い浮かべるかもしれない。タイトルは『十年』。

このコントが撮影されたのは十年以上前のこと。年配の男を演じているのは俳優の村松利史だ。そして、村松の相手を務めた若い男はいま、この静謐なコントとは対極ともいえる世界に身を置く。浪曲師の玉川太福《だいふく》である。五反田団のワークショップにも参加するほど現代口語演劇に入れ込んでいた太福に、当時、浪曲の魅力を伝授したのも村松だったという。

太福は、かつてつくったこのコントを下敷きに、ある新作浪曲を生み出した。そのネタ『地べたの二人』は昨年、シブラクこと渋谷らくごの創作大賞を受賞している。この賞、当初は「創作らくご大賞」という名称であったが、浪曲師である太福が受賞したことで、急遽「らくご」の文字が削られることとなった。

シブラクの出演者は三十前後の二ツ目落語家が中心となる。そこに若手真打が肩を貸す。だが、実は若手の浪曲師や講談師にこそ、重要なアピールの場になっている。同会に集まる客の多くは、浪曲や講談を聴くこと自体、初めてという若者が多いからだ。

三月、らくごカフェ。シブラクと日を空けずに太福の『不破数右衛門《かずえもん》　芝居見物』を聴く機会があった。

同じネタでも微妙にくすぐりを変えている。実に微妙な差だが、シブラクでは一瞬、笑い待ちの間が感じられる。太福にとってシブラク攻略のポイントはやはり「笑い」なのだろう。

浪曲に馴染みのない現代の観客は、声の迫力と、三味線との掛け合いだけでもうシビれてしまう。しかも太福のリズムには、落語とはまた違った、腹の底から笑わされる快活さがある。

太福が師匠である故・玉川福太郎に惹かれたのも、芸のどでかいスケールとともに、そこに「笑い」に対する寛容さを感じたからだ。

『不破数右衛門　芝居見物』は、入門後わずか三ヵ月で急逝した師匠福太郎から太福が直接教わった唯一のネタである。

おなじみ江戸城松之廊下の刃傷事件。発生時に浅野家を放逐されていた数右衛門だが、何度も敵討ちに志願したのち、ようやく帰参を赦される。ある日、江戸中村座へと芝居を見にいくと、これがなんと、かの刃傷事件を扱った芝居だったから大変。現実と芝居の区別がつかなくなった数右衛門は、舞台に駆け上がり、吉良に扮した役者を殴ってしまう──。

どこかこの数右衛門にも似た、遅れたが、しかしギリギリ間に合ったかもしれない、という仕合わせさを、浪曲師・玉川太福の誕生にも感じる。

さらに数日後、日本浪曲協会の広間で毎月開催の「太福、三席」にも足を運んだ。

ＤＶＤ用の撮影クルーが入っている。つまりこの日選んだ三席は、自身の考える代表ネ

玉川太福　撮影：bozzo

タといってよいのだろう。昨年、急逝した国本武春の逸話を、悲しみや喪失感を埋めて余りある爆笑仕立てで唸る『武春師匠の思い出』も、三遊亭白鳥の新作落語を浪曲へ換骨奪胎してみせた『任侠流山動物園』にも心を摑まれた。そして特筆すべきはやはり『地べたの二人』だ。

設定は『十年』の頃から変わらない。歳の離れた男二人のたわいもない会話劇。二人がそれぞれの弁当を比べ合う。若い男はほか弁、年配の男は手作りの二段重ね弁当だ。太福が唸る。

「おかずとご飯が分かれているぅ〜」

日常描写とはいえ、別名「静かな演劇」とも言われる現代口語演劇とはパッと見、違いすぎるスタイルだ。だが、弁当のおかずを交換しようとする男たちの描写に引き込まれながら、この新作浪曲の深層は、静かな演劇にも十分通じているのではないかと思えた。

これまでも身近なトピックを小噺的に唸る浪曲師は何人かいたという。ただ、それをネタにまで仕立てたのはおそらく太福が初めてだ。しかもそれはたんなる日常描写ではない。静かな演劇がそうであるように、会話の端々や仕草の水面下で蠢く駆け引きや葛藤を、観客の前に炙り出すのだ。

ほか弁と二段重ね弁当におけるイデオロギーの断絶。「タルタルソースがけの唐揚げ」と「鮭の切り身」の交換は、静かな政治でもある。

太福には、銭湯の湯船の温度を唸るだけのネタもある。どうしたって現代演劇の雄、チェルフィッチュの『クーラー』という作品を思い出してしまう。あちらでは会社のクーラーの設定温度をめぐって男女が駆け引きするうちに、その仕草がブーストされ、ダンスへと発展する。

太福の節は会話をブーストする。その声が含有する倍音の響きは、私たちの日常に潜むノイズの豊かさと似ている。

太福が特別なのではない。これは浪曲が持つ古くて新しいポテンシャルだ。「義理」と「人情」とで板挟みとなり、カセをはめられた者たちは、淡々と覚悟し、あるいは歯を食いしばりながら、何事かをなす。その瞬間、行為の裏に張り付いた感情は、浪曲師の声に溶け込み、私たちの心を揺さぶるのだ。

唐揚げをとるのか、鮭をとるのか。

太福の声に、私は娯楽にとどまらない浪曲の可能性を聴く。

遊び足りないザゼンと志らく

2015年10月

くりかえされる諸行は無常、よみがえる性的衝動――。

ザゼン・ボーイズが「Ａｓｏｂｉ」という曲を演奏していると、東京国際フォーラムに予期していた展開が訪れる。バンドの足場が床ごとステージ奥へと後退すると、向井秀徳が叫んだ。

「遊び足りない」

紗幕《しゃまく》が降りてくる。四つ打ちのシンセベースは止まない。

「遊び足りない」

上手袖からなにかがスライドしてくる。落語の高座である。

「遊び足りない」

ようやく曲がフェードアウトすると、下手からすうっと立川志らくが登場した。

六年前と同じ光景だ。

あのときはC.C.Lemonホール（現・渋谷公会堂）だった。ザゼン・ボーイズ初、全席指定のシッティングライブ。

企画した段階で向井は考えた。普通に演奏するのもいいが、観客が座席に着くからこそのプラスアルファがほしい。向井は思い出す。かつて深夜番組で見た立川談志『権兵衛狸《ごんべえだぬき》』の衝撃。そうだ、落語でなにかできないか。長年募らせていた落語への、ひいては立川流への関心に、出版されたばかりの志らくの著書『雨ン中の、らくだ』が火をつけた。

さっそく向井は志らくの高座に足を運ぶ。下丸子らくご倶楽部。地元の落語ファンが集まるアットホームな落語会だ。なのに、志らくの『らくだ』は暴力や不条理に充ち満ちていて、向井は衝撃を受ける。

「志らく師匠とご一緒できないか」

すぐさま向井は、志らくにコンタクトをとった。

一方の志らくは、ザゼン・ボーイズも向井秀徳という名前も聞いたことがなかった。周囲に尋ねても、知る者は多くない。ただし、向井の存在を知る者はことごとく興奮し、口を揃えてこう言うのだった。「絶対に会うべきだ」と。

誰もが知るわけではないが、知る者はみなディープに彼を支持している――。つまり、向井秀徳というミュージシャンは、案外、落語界における自分と似た立ち位置にいるのではないか？　と志らくは直感した。

半蔵門近くのビアガーデンで、志らくと向井が初めて顔を合わせる。

出会い頭に向井が尋ねた。

「師匠はロックとか聴かれるんですか？」

「いや、ロックは全然でして――」

だが、そう答える志らくのTシャツは、おそらく妻に着せられたヒステリックグラマーだったのだろう、セックス・ピストルズのジョニー・ロットンがプリントされている。その場にいた私は吹き出しそうになった。

向井が直截に用件を切り出す。

「ええ、師匠の落語のバックで我々ザゼン・ボーイズが演奏してですね」

「私の後ろでは、音楽は鳴らないと思います」

答える志らくは、なぜか第三者目線だ。

「そこを我々がうまく合わせて……」

「いや、私の後ろでは、音楽は鳴らないと思います」

ポピュラーミュージックと伝統芸能――とりわけ「ロック」と「落語」のコラボというのは、比較的よく見る風景である。しかし、「落語とはロックである」というフレーズの空虚さを指摘するまでもなく、落語の劇伴としてロックが鳴ったところでどちらのよさも活きないだろうし、ハメモノの要領であればお囃子に敵わない。

志らくとザゼンの融合はどのようにありえるのか。あるいは交わらぬまま終わるのか。

この日はなんら合意に至らず、ひとまず次のターンとして志らくがザゼン・ボーイズのライブを観ることになった。

会場は日比谷野外音楽堂。その日はあいにくの雨だった。思い思いに揺れる雨合羽の群れのなかで、白い雨合羽に身を包んだ志らくは微動だにせずステージを見つめていた。

続くターンで、今度は向井が志らくの落語を聴きにいく。内幸町ホールでの落語会である。マクラで志らくがザゼンの野音ライブに触れた。

「以前、ロックのライブを観たときはたんにうるさいだけだと思ったんです。でも、ザゼンのライブは音が塊となってドーンと身体にぶつかってきた。気持ちがいいんです。そこで、『あ、これはノるものではなくて、感じ入るものなんだ』ってことがわかった。落語とは違いますね。落語は感じ入るものではなく、意味を楽しむものですから」

終演後、楽屋を訪れた向井が志らくに言った。

「今日の高座、私も師匠の噺に感じ入ってしまいました」

嬉しそうに志らくが返す。

「そう、意味を楽しむといっても落語は物語じゃないですから。フレーズなんです」

言葉の強度、飛距離、ナンセンス。談志の言うイリュージョン。志らくのフレーズはぶつかってくる。感じ入る落語だ。

「Ａｓｏｂｉ」の間奏のシーケンスが繰り返されるなか、高座がスライドして現れ、落語が終わると再び間奏に戻る——というアイデアは誰のものだったのだろう。Ｃ．Ｃ．Ｌｅ ｍｏｎホールでの話だ。たしかに志らくの後ろでは音楽は鳴らなかった。しかし、音楽は続いていたのである。

ネタは『らくだ』だった。サゲとともに間奏がフェードインしてくる。「Ａｓｏｂｉ」の時間は続いている。向井が囁く「別れの言葉はなかった。ぜんぜん聞いてなかったが」というフレーズは、そのまま噺のなかの屑屋とらくだに捧げられたかのようだった。

今回のライブは逆のシチュエーションとなる。志らくの落語家生活三十周年記念の落語会に、ザゼン・ボーイズがゲストとして呼ばれたのだ。

志らくの一席目は『片棒』。登場する三兄弟のキャラクターをそれぞれ映画狂、昭和歌謡狂、落語狂に設定し、道楽にのめり込む狂者たちのジェットコースター落語に仕立て上げた。中入りを挟み、めくりには「ＺＡＺＥＮ ＢＯＹＳ」の寄席文字。東京国際フォーラムのスクエアな舞台の上で繰り広げられるシャッキリした間合いのインタープレイは、能に寄せた歌舞伎の松羽目物のような様式と緊張感を漂わせている。

そして「Ａｓｏｂｉ」が始まる。

生前、談志は志らくに尋ねたという。

「お前みたいな落語をするヤツはほかにいるか？」

「いないと思います」

「じゃあ、オレとお前で二人。二対四〇〇だ」

二対四〇〇というのは落語家の数である。

もしかしたらその「二」のほうに、向井さんも入るかもしれませんね。高座に上がった志らくはそう言うと、『紺屋《こうや》高尾』に入った。志らくの高尾太夫はさらっとした味わい。だからこそ私たちはウソから出たマコトを、人生の一大事を、遊びの感覚とともに味わう。

再びシンセベースが鳴る。気づけばミラーボールが回っている。

「そして四時間半後に有楽町の駅前で女は言った。まだ遊び足りない」

向井が最後のフレーズを歌ったあとも、曲はしばらく続いていた。

吉笑ゼミと数学する落語

2017年9月

立川吉笑の『ぞおん』という新作落語が好きだ。こんな噺である。

大店の奉公にきた貞吉。番頭に挨拶するも、話が聞きとれない。番頭の声は「チチチチチチ」としか聞こえないのだ。あとで先輩から、番頭は事務作業のゾーン状態に入っているので、指示の声が高速化しているのだと知らされる。その上で、番頭の指示を聞くためには、「番頭をゾーンから出すしかない」とのアドバイスも受ける。どうやってゾーンから出すのか？　番頭の注意を逸らせばいい、と。番頭の前で床を叩き、お手本を見せる先輩。さっそく先輩の真似をして床を叩いてみる貞吉だが——。

もう何度、高座で聴いただろう。事務作業でゾーンに入るという設定もさることながら、ゾーンから「出す」という発想がユニークだ。「入れる」なら「出す」こともできるはずだと。

四年ほど前、初めて会った吉笑は、なぜか渋谷ヒカリエに個人でオフィスを借りていた。

いまでこそ多少は売れてきた吉笑だが、当時はとても家賃に見合った収入があったとは思えない。渋谷に仕事場を持つ必要だってない。吉笑曰く、それでも流行の風を感じたかったのだという。たとえ「チチチチチ」としか聞こえない事務作業でも、その水準に触れることには意味がある。意気やよし。

とはいえ結局、ヒカリエのオフィスはすぐに解約してしまったらしい。そして今年に入り、今度は高円寺に作業場を借りたという。聞けばこちらも結構な賃貸料だ。それでも一瞬ならゾーンに入れるぐらいには力をつけてきた吉笑。新作業場の開設をきっかけに、さらに大きな仕事が舞い込むようになってきたという。

先日、私も遊びに行ったのだが、そこに先客が一人。数学をテーマに活躍する若き独立研究者の森田真生《まさお》だ。吉笑も森田も、すっかりアルコールで出来上がっている状態だった。

森田は吉笑が「吉笑ゼミ。」（以下、吉笑ゼミ）というイベントを始めるきっかけとなった男でもある。

長年、漫画家・榎本俊二のファンである吉笑は、あるとき榎本がカットを寄せる週刊誌の連載コラムをチェックしていて、その筆者である森田を知った。歳は一つ下の数学者。コラムの内容もさることながら、プロフィールにある「数学の演奏会」というイベントが気になり、足を運んでみた。学術的な内容を軽やかに伝え、かつ、本質的なことを考える場所としてのトークライブ。刺激を受けた吉笑は、自らも吉笑ゼミを起ち上げることにしたのだ。

吉笑ゼミでは、まず吉笑が持ちネタを一席かける。そのあとゲストに講義形式のトークを行ってもらい、最後は吉笑が講義の内容をお題とする新作落語を即興でつくり、高座にかける。

最新回では、満を持してゲストに森田を迎えることになっていた。なので、その打ち合わせのために森田は吉笑の作業場を訪ねたのだろう……と思ったが、実際には違った。森田は吉笑の新しい作業場を覗いてみたかったのだ。

広いワンフロアの作業場に立てられたホワイトボードには、ネタのアイディアが所狭しと書き込まれている。

「このネタ、森田さんに相談してみたら、なんて言ったと思います？」

呂律も怪しい吉笑がチャート形式で書かれたネタを指しながら、私に聞いた。森田は微笑みながらワイングラスを傾けている。

「森田さんがね、こう言うんですよ。『吉笑さんは、まだ時間の概念があるんですね』って！」

実に悔しそうで、かつ嬉しそうな顔だ。吉笑には、「チチチチチ」と響く森田の言葉が心地よいのだろう。その後も、吉笑は、「T（TIMEの頭文字）がないんだもんなー」と何度も繰り返し、森田と私を笑わせた。

後日、森田を迎えた吉笑ゼミは東京大学の福武ラーニングシアターで開催された。

ポストロック風の出囃子に乗り、吉笑が登場する。森田との出会いをたっぷり語ると、一席目のネタは『ぞおん』だった。

続いて森田の講義。十九世紀末のウィーンから、現代の高知県土佐町まで、めくるめく数学の旅に観客を誘う。魅惑的なエピソードのコンボはまるで音楽だ。「わかること」と「操ること」はいつ分離したのか。アルゴリズムの誕生。スマホを手にする私たちは、その「意味」がわからなくても、「操作」はできる。

森田の講義を受け、吉笑が即興の新作落語を披露した。言葉の意味をずらしながら、居住空間を拡張しようとする男たちの話だ。森田の講義の切れ端を強引に膨らませた感は否めなかったが、それもまたガチンコゆえの尊い負け戦だった。

おそらく自身も気づかないところで、吉笑は森田の講義のエッセンスを実践しているのではないか。そのことに気づいているからこそ森田は、吉笑とのジョイントを快く引き受けたように思えてならなかった。

「例えば、ボールを投げたときの軌道を計算したかったとしよう。このとき、どんなに緻密なシミュレーションをするよりも、実際にボールを投げてしまう方が、効率よく軌道を『導出』できる。自然環境そのものが、どんな計算機よりも潤沢な『計算資源』の役割を果たすからである。(略)ボールの軌道ですらそうなのだから、ましてや人間の身体は、どれほど豊かな『計算』の可能性を内蔵しているかわからない」

これは森田の著書『数学する身体』に書かれた数学者・岡潔についての一文だ。

人間と環境の関係が再編成されるとき、身体は数学的思考を促進する。売れなくても作業場を持つ。「立川流は前代未聞メーカー」を有言実行する。吉笑のそうした在り方に、「独立研究者」の森田が関心を持つのは自然なことだ。

先日、吉笑は「立川吉笑ＧＲＯＵＰ」なるオンラインサロンを起ち上げた。すでに会員は百名を超えている。会員とともに新作ネタもブレストするそうだ。「チチチチチ」の中身がわかるのはもっと先でいい。そして、わかる頃には、ゼロから生まれた吉笑の数学的落語を聴くことができるかもしれない。

鯉八らくごは時を操る

2018年11月

持たざる者の蛮勇は愉快だ。例えばTBSラジオ『神田松之丞 問わず語りの松之丞』。包み隠さぬ本音トークがリスナーに支持され、いまや同局の看板番組の一つとなった。この松之丞を先陣に、演芸界若手の勢いは文化放送にも波及。始まったのがプロ野球シーズンオフ限定の帯番組『SHIBA―HAMAラジオ』である。

水曜日担当、瀧川鯉八、立川吉笑のコンビが面白い。松之丞が同局番組ディスでリスナーの生理を掴んだように、こちらは裏番組に照準を絞った。ニッポン放送『中田敦彦のオールナイトニッポンPremium』。中田の熱量にあやかるという落語家らしい乗っかり方で、ついにはオンエア中に中田が放送局を越えて収録に乱入、というハプニングまで実現してみせた。真っ先に驚くべきは中田の行動力だが、それも放送期間中になんとかして爪痕を残そうという鯉八吉笑の姿勢があってのもの。主導しているのはおそらく吉笑だが、そこに鯉八がいることのありがたさを思った。件の放送でも、対立アングルを煽る中田に対して、つい融和を図ってしまう吉笑と、我関せずとばかりに超然としている鯉八、という役割分担は悪くなかった。

ごく稀なケースを除き、鯉八は高座で新作落語しか掛けない。

新作派の泰斗・五代目春風亭柳昇直系であることを思えば不思議でもないが、鯉八の落語はこれまでの新作落語とはなにかが決定的に異なる。観客にウケようとウケまいと、鯉八は泰然自若だ。そんなとき、実際の心情はどうあれ、鯉八だけ会場で異次元にいるかのごとく感じられるのだが、その印象はそのまま彼自身の落語にもあてはまる。

十一月、渋谷らくご四周年記念公演の一環で、立川志らくと鯉八の「ふたりらくご」が企画された。

高座の前後に私もサンキュータツオとトークすることになり、壇上でタツオから「二人の共通点は？」という話題を振られた。咄嗟に浮かんだキーワードが「映画」だ。映画好きの志らくには名画を元にしたシネマ落語という路線がある。同じくアキ・カウリスマキなど名画好きで知られる鯉八の落語にも、どこか映画由来の手触りがある。

この日、鯉八のネタは『やぶのなか』だった。姉夫婦のもとへ弟が恋人を連れてやってくる。ただそれだけの出来事をめぐり、芥川龍之介『藪の中』のごとく各人の思惑がすれちがう。インタビューシーンの続くドキュメンタリー映画のようだ。小津映画のバストシ

瀧川鯉八　撮影：橘蓮二

ヨットの同ポジつなぎのような奇妙な感覚も漂う。

以前、鯉八に目指す落語について聞くと、こんな答えが返ってきた。

「例えば、みんなが『キレイだ』と言う花があるとして、あまりにみんなが言うもんだから、なぜかわからないけど、僕がその花を踏みつぶすんです。で、何十年かして思い出す。『あのとき、なぜあんなことをしてしまったんだろう』と。後悔して、反省して、そして『罰を与えないでくれ』という意味も込めて、『ごめんなさい』って手を合わせるんです。でもその、懺悔している僕を引いて見ると、無意識に別の美しい花を踏んづけてる――っていう」

人生とはクローズアップで見れば悲劇、ロングショットで見れば喜劇のチャップリンを地でいく話だが、ここにはさらなる要素が含まれている。時間経過である。あのときなぜ？と思いながらも、また踏んでしまう。

重要なのは「また踏んでしまう」ことではなく、「十年越しにそれを見つめている者がいる」ことのほうだ。名作『２００１年宇宙の旅』の冒頭シーン、類人猿の投げた骨が一瞬で宇宙船に切り替わる。ワンカットで数千年を超える瞬間に、映画の醍醐味が詰まっている。鯉八の落語もまた、時間と空間を操る俯瞰の視線を観客に意識させる。

同十一月、鯉八独演会「ちゃお３」では三席聴くことができた。一席目『ぷかぷか』は「なにかいいことないかなあ」という口癖の男の栄枯盛衰物語と見せかけ、サゲでその生涯を一瞬のなかにパッケージしてみせる。ある人生を丸ごと味わう感覚は、例えば『鼠穴《ねずみあな》』

でも、芥川『杜子春《とししゅん》』の元ネタにもあり、つまりは「胡蝶の夢」ということだが、このとき強く感じたのは能の『邯鄲《かんたん》』に似た手触りだ。さらに言えば、小沢健二の歌詞を意識したという岡田利規による同曲の現代語訳。そこでは一陣の風のように人生が吹き抜ける。

続く『暴れ牛奇譚』はタミコという哀れな女が暴れ牛の生け贄にされるという話だ。長老と副長老の諍いなど、やはり重層的な時間経過が織り込まれており、最後にそれらの時間が水晶へと封じ込められる。

トリネタは『にきび』。にきびを潰すことの悦楽を、鯉八は背徳的な次元にまで高める。純粋な快楽性はごくごく自然にセクシャルさを帯び、ここにきて一席目のマクラで振ったエピソードが時間をまたいで召喚される。学校寄席の営業で男子校の高校へと出向いて落語をした鯉八は思ったのだという。「会場にいる人間のなかで、僕がいちばんエロい」。すべての時間軸を回収した鯉八の、いや鯉八が演じる婆さんの膝マクラでにきびをつぶされながら、観客はエクスタシーへと導かれた。

「ちょいとお前さん、起きとくれよ」

渋谷らくごでの志らくとの二人会に戻る。鯉八のあとに上がった志らくのネタは『芝浜』だった。最近は舞台の演出も手がける志らくは、この三年間に及ぶ夫婦愛を二五分程度にまで圧縮してみせた。

時間と空間を操り、夢と現実を行き来する鯉八の新作落語にも、いつか『芝浜』に匹敵するスタンダードが生まれる日がくるかもしれない。

「創造しい」な男たち——ソーゾーシー

２０１８年９月

「古典だって、できたときは新作」

昭和初期に新作落語で名前を売った五代目古今亭今輔《いますけ》の有名な言葉だ。実際、その通りだろう。

では、「できたときは新作」だとして、どの時点でそれは古典となるのだろうか。乱暴に言えば、新規性を失い、代わりにのちの典拠となるルールや形式——つまりは「伝統」を獲得したタイミングである。

新規性を失うといっても、「古くなる」わけではない。むしろ古典となることで時代を超える「無時間性」をまとうようになる。落語について言えば、古典落語の誕生とともに、現実の江戸時代とも少し異なる、「江戸っぽい」という抽象的な空間設定が可能となった。

落語においてこのプロセスが完了したのは、諸説ありつつも、だいたい昭和初期と見ていいだろう。この時点ですでに江戸は遠くなりにけり。当然、新たにつくられる落語のなかには、「江戸っぽくない」新作も出てくる。

例えば『水道のゴム屋』。題名からして江戸っぽくない。なのでそれらは、「できたときは新作」という意味での新作（この「新作」を冠する用法であれば、江戸時代にも見受けられる）とは別のものとして、「新作落語」というラベルで括られるようになる。

そして新作落語の多くには、六代目三升家《みますや》小勝《こかつ》の作『水道のゴム屋』がそうであるように、作者の存在が刻印されている（作者のわかっている古典落語も存在するが、一部である）。

前置きが長くなった。今回紹介したいのは「ソーゾーシー」という創作話芸ユニットである。

メンバーは四人。落語家の春風亭昇々、瀧川鯉八、立川吉笑、浪曲師の玉川太福。浪曲師を含むがゆえ、という事情もあるだろうが、「創作話芸」という括り方に強い意志を感じる。思い起こせば、彼らの大先輩にあたる、林家彦いち、三遊亭白鳥、春風亭昇太、柳家喬太郎らによる新作派ユニットも、かつて講談師の三代目神田山陽を擁しており、「創作話芸アソシエーション（ＳＷＡ）」と名乗っていた。

もっとも江戸はさらに遠くなりにけり。すでに平成も終わろうかという時期に旗揚げしたソーゾーシーの公演を見ていると、「古典／新作」という区分をアップデートする必要性を感じる。

昨年九月、渋谷のユーロライブで開催された彼らのオールネタ下ろし公演『ソーゾーシー#8』に沿って、それぞれの試みを見てみよう。

全員揃ってのオープニングトークに続き、最初に高座に上がったのは立川吉笑である。ネタは『情けは人の為ならずんば』。

八っつぁんがご隠居のもとにやってくるところから始まる。新作落語でありながら、古典落語の設定を借りる「擬古典」の手法だ。

情けは人の為ならず。このことわざの意味を「人に情けをかけるのはよくない」と誤って解釈し、心を鬼にして他人につらくあたっているという八っつぁんに、それは違うぞとご隠居が諭す。「情けは人の為ならず、巡り巡って己が為。最終的には自分のためになる」というのが本来の意味だと。

ここまでだけでも十分笑えるのだが、このあとが吉笑の本領発揮である。ご隠居によると、実は「巡り巡って己が為」のあとにも続く言葉があり——。

言葉の持つ「本来の意味」が何度もひっくり返るという構造、吉笑の言葉を借りるなら「ギミック」を突き詰めていく手法は、実験的なコントや先鋭的なギャグマンガでもよく見られるものだ。そもそも古典落語にも、男の頭の上でどんちゃん騒ぎが始まったり（『あたま山』）、斬られた上半身と下半身がそれぞれ銭湯の番台とこんにゃく玉を踏む仕事を始めたり（『胴切り』）するなど、強力な「ギミック」を内包するネタは少なくない。

そんな気づきももたらしながら、「笑い」における落語のストロングポイントを再点検し、現代にフル活用しようと試みる吉笑は、すでに5G通信網における配信時代を見据えた落語動画の可能性も探っている。

続いて、浪曲師の玉川太福が、曲師の玉川みね子とともに登場。

この日はネタ下ろしならぬ「ネタかけ捨て」となる『浪曲村炎上未満録』。SNSでのある出来事をドキュメンタリータッチに唸っていく。

内容は全面シークレットだが、現代的なSNSのコミュニケーションにこそ、そこかしこに義理人情が絡むことは多くの人の実感するところだろう。「RT」や「いいね」を、するのか／しないのか、そんな親指一本の動作の裏にも逡巡があり、駆け引きがあり、決断があるのだ。そういう意味では、幕末明治の侠客も現代のSNSアカウントも同じである。

矛盾のカセにかけられた人物は淡々と覚悟し、あるいは歯を食いしばりながら何かを受け容れる。その瞬間、ほとばしる感情は節となる。

太福の新作浪曲は、日常の小さな悩みや衝突という、一見浪曲の題材となりにくそうなテーマを扱いながら、会話や仕草の水面下で蠢くドラマを炙り出す。たとえ生死に関わるレベルのエピソードではなかったとしても、感情のさざ波をパワーアンプのごとく増幅してみせることで、観客の心を揺さぶり、ときに爆笑の渦に陥れる。案外私たちだって身近なことを唸ってみたら楽しいかもしれない。そんなことすら思わされてしまう。

ソーゾーシーの実質リーダーである春風亭昇々。彼が吉笑を誘ったところから、このユニットは始まったという。

ネタは『妄想カントリー』。夏の思い出にアオハル（青春）したい田舎のティーンエイジャー女子が、同級生らしき男子を誘ってあれこれトライするのだが、ことごとく空回りして――。

二人乗り自転車で坂道をくだりながら歌うゆず。田んぼの牛蛙。線香花火の落ちる瞬間。何年も消しゴムのカスを集めてつくった謎の玉。いつか見たような、でもちょっとおかしな夏の記憶。なにひとつ成就しないが、くだらない失敗や細かいクスグリの連鎖がもたらすのは、アオハルそのものの甘酸っぱさだ。

題名が象徴的である。昇々の新作落語の多くは、二次元的に類型化されたキャラクターとともに、その世界を遊びつくす。八っつぁん、熊さん、ご隠居に与太郎なんていう匿名的キャラクターたちが息づく古典落語の「江戸っぽさ」に通ずる無時間性がそこにはある。昇々はよく高座の座布団の上で斜めに座るムーヴをするのだが、私の眼にはときたまそれが「現実から半音階ずれた世界」へ踏み入れる合図に映る。

トリは瀧川鯉八である。座布団につくと、片手を上げ「ちゃお」とつぶやく。毎度おなじみの光景だ。マクラで「刑事コロンボ」の話を振り、入ったネタは『ノック』。ある事件の犯人が、犯行前日、喫茶店で「なぜピラフは量が少ないんだ！」と叫んでいたという。この手がかりを前にして悩む警部たちのもとに、名探偵が登場。おかしな推理を繰り広げていくのだが――。

鯉八の新作落語にはウェルメイドな映画に似た手触りがある。その秘密は、時間と空間の巧みな操作だ。今回はマクラで振ったコロンボの話も、すべてが伏線となっていた。口八丁に空間を生み出せる落語の特徴を生かしながら、繊細なカットつなぎで豊穣な時空間を構築していく鯉八は、毎回、ラストカットとなるサゲで、それらを掌の上の小瓶にすっと封じ込めるような魔法を見せる。そのマジカルな感覚は、すでに「鯉八らくご」と呼びたくなるようなオリジナリティを具えている。

この日はソーゾーシーにとって、初めてのユーロライブ興行でもあった。同会場では、毎月「渋谷らくご」が開催されており、四人ともに以前からそちらにもレギュラー出演している。ある意味、見知った光景といってよい。しかし、ことソーゾーシーでの公演となると、シブラクよりも、やはり同会場で毎月開催されている演劇×コントの実験公演「テアトロコント」に似た空気が感じられたのは私だけだろうか。きっとそれは、未知の創作を観客にぶつけることのリスクに由来する。

新作落語の生けるレジェンド・三遊亭円丈は、かつて新作派のマニフェストとも言える名著『ろんだいえん』で、落語家を三種類に分類してみせた。

「アクター」……ただ演じるだけの落語家
「アレンジャー」……新作も古典もアレンジする能力がある落語家
「クリエイター」……クリエイティブな噺がつくれるか、演じられる落語家

この区分で言えば、浪曲師の太福も含めてソーゾーシーの四人は間違いなく「クリエイター」であろう。付け加えるならば、そこには「新作落語」あるいは「新作浪曲」というラベルを剝がしてでも、「できたときは新作」という創作の原点に立ち戻らんとする意志も含まれているはずだ。

「新作落語を東京以外でも普通にできるようにしたいんです。新作こそがスタンダードだと思ってます。自分で心の内側、もやもやを高座というキャンバスにぶつけるということ、自分で物語を創るということが必須だし、創作することが未来スタンダードになっていけばいい、というかスタンダードにするべきだろうと思っています。もしも共感してくださる主催者の方いましたら是非ご連絡ください。関東近郊でしたらソーゾーシーメンバーみんなで車で伺えます」

昨年六月、昇々はブログにこう書きつけた。今年はついにこれを実行に移すべく、ソーゾーシー地方ツアーも計画されているという。

創造しいな男たちの行方に、乞うご期待である。

私たちはなにを見ているのか

2020年3月

見える。見えない。見えないからこそ、見える。見えるからこそ、見えない——。「見える」と「見えない」はいくどか裏返され、折り重ねられる。

按摩の梅喜《ばいき》は盲人である。彼の目は「見えない」。

ある日、そのことで弟に雑言を浴びせられて帰宅した梅喜を、女房のお竹が慰める。梅喜の視力恢復を願い、夫婦は薬師様に信心を積むことを誓う。

やがて満願叶ったたか、たまたま通りがかった知り合い、上総屋の旦那の指摘で、梅喜は自分の目が「見える」ことに気づかされる。喜ぶ梅喜の前を見たことのない物体が走る。人力車である。目の前に広がるのは新しい世界だ。すると気になるのは、女房お竹の容姿である。旦那によれば、お竹は、まずい顔だが気立てはよいという。一方で旦那は、芸者の小春が梅喜に惚れているとも告げる。

自分がいい男だということも知った梅喜は、小春と会い、女房のお竹と別れることを決意する。そこにお竹が乗り込んでくる。お竹に首を絞められ、苦しんでいる最中に、梅喜は目覚める。

夢を見ていたのだ。目の前にはいつもの優しいお竹がいて、目を治すために信心しようと言う。そんなお竹に、梅喜がつぶやく。「信心はやめた」。訝《いぶか》しがるお竹。「盲は妙だなあ」と梅喜。続く台詞でサゲとなる。

「寝ているうちは、よく見える」

この『心眼』、今日では高座でかけることが難しい噺の一つとされる。理由は、盲人が主役であるというだけにとどまらない。顔の美醜の扱いも、現代の基準からすれば、ルッキズムと見なされても仕方ないだろう。

それでもこの噺がいまなお鮮度を失わないのは、「見えること」と「見えないこと」をめぐる本質的な問いが、秘められているからだ。

演題が象徴的だ。心眼。目に映らない真実を見抜く力のことである。

果たしてお竹の顔は「まずい」のか？　はたまた梅喜は「いい男」なのか？　夢である以上、本当のところはわからない。

だが、梅喜には何某かの真実がたしかに「見えた」のだ。だから、梅喜は言う。「このままでいい、このままがいい」と。

落語は一部の例外を除き、固定化したテキスト＝原典を持たない。落語とは常に生ものであり、その場その場で演じられたものが、噺の実体となる。

そのため落語がメディア化される際に、最初に採られた方法は速記であった。演劇の戯曲のように噺を文字で組み立てるのではなく、上演をそのまま書き起こしたのだ。

やがてテクノロジーの進歩とともに、落語はレコードに吹き込まれ、ラジオやテレビで放送され、CDやDVDにデータとして焼き付けられた。いまでは動画や音声ファイルとして、インターネット配信もなされている。

ここに至って、不思議なことが起こる。多くの落語ファンが指摘するように、落語のソフトは、情報量が多いはずの映像よりも、音声だけのほうが臨場感を得られるのだ。

いったいなぜだろうか。

落語は「なにもないから、なんでもある」芸能とも言われる。

小道具は、扇子と手ぬぐいのみ。舞台背景も、その瞬間に演じている以外の人物も、なにもない空間にある（いる）かのように見立てられ、噺は進行していく。物語を構成する要素の多くが省略されているぶん、観客が想像し、脳内で補完することによって、落語は完成する。

さて、落語の映像と音声における臨場感の差について、私はこう思う。

メディア化された落語は、落語そのものではなく、上演の記録であることからは逃れられない。その上で、映像記録の場合、フレームがあることにより、それを記録している「誰が（＝カメラ）」の存在を意識してしまう。一方、視覚情報のない音声記録の場合、記録者の存在を意識することがないので、いち観客として噺のなかで存分に想像力を働かせることができる。

見えるからこそ、余計な情報まで目に入る。見えないからこそ、空間に入り込むことができる。

梅喜もこう言っていた。

「目が見えなかったときはあたしゃね、誰の助けもいらずね、うちへ帰れたんすけど。パッと目が開いたらどこがどこだかわからない」

そういうことは往々にしてある。

いまここに、落語家の柳家権太楼が『心眼』を実演する模様を収めた大森克己撮影による写真集がある。

通常、実演中の落語家の写真は、演題ではなく、落語家の名前に紐づけられる。実際それらの写真は、落語家自身を紹介する役割を担っていることが多い。逆に、落語の実演の一瞬を切り取った写真を見てその演題を当てるのは、よほどの通人でも難儀するはずだ。

だが、この大森の写真がユニークなのは、権太楼による『心眼』の実演を、始めから終いまで丸々収めているという点にある。これは柳家権太楼の写真であり、『心眼』の写真でもある。このような落語写真の試みを、寡聞にして私は知らない。

大森克己『心眼　柳家権太楼』より

映像記録とも異なる。ここには音声情報がない。シンプルに視覚情報だけが存在する。座布団が一枚置かれている。フレームの外から羽織姿の落語家が登場。座布団の上に座り、深くお辞儀すると、おもむろに前を見据える——。

このとき正面からレンズに捉えられた落語家は、三つの位相をまとっている。言うまでもなく、一つは「柳家権太楼」という位相である。

そこには亭号や名跡の持つ歴史、師弟関係の連なり、修行を積み、芸を磨くことで獲得した様々なイメージなどが含まれている。一般に「落語家」という際に、私たちが想像するのはこの位相だろう。

その奥に「梅原健治」（権太楼の本名）という位相が透けて見える。たとえ彼が落語家になっていなかったとしても存在する位相だが、当然、高座の上でも、常に奥底に横たわっている。持って生まれたものでもあり、伝統芸能の世界では「ニン」などとも呼ばれる。彼がマクラで孫や年金の話をするときにも、ひょっこり顔を出すかもしれない。

権太楼が『心眼』の世界に入りながら、頃よいところで羽織を脱ぐと、最後の位相が姿を現す。「梅喜」「お竹」「上総屋の旦那」「芸者の小春」……噺の登場人物たちである。

近代的な演劇では、それぞれの人物になりきることが重要だ。つまりこの位相がメインとなる。しかし、落語は違う。役を演じるようでいて、演じきらない。あくまで落語は「一人芝居」ではなく、「一人語り」の芸なのだ。役の位相だけでなく、三つの位相がすべて絡み合うところに妙味がある。

しかし、ここにある写真を見ていくと、もう一つ別の位相も浮かび上がってくる。権太楼の顔に刻まれた皺が、着物のシルエットが、瞳の奥の光が、雄弁に語るのだ。いくつかのショットに、『心眼』の隠されたテーマを見る。それは「曇りなき純粋さ」である。

純粋さは、善良さにも、欲望の発露としても発揮される。願をかける場面だろうか、目を強くつぶり大きく口を開いたその表情に、権太楼の型と、梅原健治の人生と、梅喜の祈りの三つを見ながら、同時にそれらを包み込むピュアネスの強度にたじろいでしまった。

私たちの目に普段、映っていないものが見えている。

蓋をしたはずの無意識の世界。案外それは、梅喜が見た真実に近いのかもしれない。

ピンク色の洞窟で踊る者たち

2017年1月

三泊四日で城崎温泉へ。同地の城崎国際アートセンターで演劇の滞在制作をしている岩井秀人、森山未來、前野健太の稽古場を訪ねた。私が到着した時点で、彼らはすでに十日ほど現地で過ごしている。極力、外部の情報を遮断することで、充実したクリエイションが行われていた。温泉と酒もずいぶんと浴びたようだ。

「最近、なにかニュースありました?」

相部屋となった前野が聞いてきたので、TSミュージックの最終日に行ってきたことを話す。

「ああ、そうだ！　最後でしたね」

TSミュージックは新宿で四十年の歴史を誇るストリップ劇場だ。だが、賃貸料をめぐりビルとの関係がこじれ、あげく裁判沙汰となり、敗訴。二〇一七年一月十五日をもって閉館となった。時代の趨勢もあるが、ＴＳはそれでも観客の入っている小屋ではあったので寂しいかぎりだ。

温泉街であるここ城崎も、かつてはストリップや裏風俗などが栄えていたそうだが、カジュアルな観光地へと変貌するなかで一掃されてしまったという——と、夜な夜な酒場で情報収集してきた前野が教えてくれた。

滞在三日目の夜、横になりながらスマホでワシントンの反トランプデモの中継を見ていた。デモ参加者の多くが「プッシーハット」と呼ばれるピンク色の帽子を被っている。トランプの過去のオフレコ失言、「金があれば女はどうとでもなる。プッシーだってさわれる」を逆手にとってのプッシー大行進だ。そのピンク色は、ＬＧＢＴのピンクトライアングルをも想像させるが、私はストリップ小屋のどぎつい照明と、股間に人差し指と中指を逆Ｖの字に押し当て、開かれた奥の器官の色を思いだしていた。そう、私たちの身体の内側はピンク色をしている。

額縁ショーから始まったこの国のストリップ文化は、いわゆるナマ板や花電車などの過激な季節を経て、いまではずいぶんと穏便な演出に落ち着いている。とはいえ、女性のヌードが見たい、というド直球の男性的欲望を一身に浴びながら応える踊り子たち、という構図は、そこだけを見ればかなり過激であることには変わりない。しかし、実際のストリップ劇場に足を運べば、そこにあるのはどうにも陽気で平和な空間である。

バーレスクやポールダンスのような観客の視線との躍動感のある絡み合い《キアスム》とも異なる。なにが違うのか。要因はいくつかあれど、決定的なことはただ一つ。性器の存在である。もはや語りつくされた感もあるが、やはり参照すべきは神話に登場するアメノウズメだろう。

弟スサノオの粗暴なふるまいによってアマテラスオオミカミが天岩戸に籠もってしまう。暗闇に覆われる世界。そこで活躍するのが、蔓を頭に巻き、笹の小枝を手にした我らが踊り子、アメノウズメである。彼女は空樽を足で踏み鳴らす。

「更にアメノウズメノミコトは神がかりになって、乳房をもろ出しに出して、着物の紐をホトのあたりまで押し下げて舞う」（池澤夏樹訳『古事記』）

それを見た神々は大いに笑う。様子を窺うためアマテラスは天岩戸を少し開け、最終的に外へと連れ出される。暗黒の世界に光が戻ってくる――。

古事記のなかの「神がかり」は、日本書紀では「俳優《ワザオギ》」と書かれる。神や人を笑わせ、喜ばせるための技。といってもトランス状態で性器《ホト》を見せただけだ。

そもそも神に神が憑くというのも妙な話だ。が、その二重性にこそ儀式性、演技性が宿る。天岩戸という暗い洞窟に向かって合わせ鏡のように置かれたピンク色の洞窟、これこそが俳優である。

「性器そのものが表現力になるというのでなく、それが顔とひとつになって、もうひとつの顔をあらわにする。そういう幻影を、アメノウズメは、集団に対して、また個人に対してもつくりだす人である」（鶴見俊輔『アメノウズメ伝』）

TSミュージックのファイナルでは、石原さゆみという踊り子の見せた幻影が抜群だった。

決して踊りが上手いわけではない。三波春夫の「世界の国からこんにちは」から始まり、吉田拓郎の「今日までそして明日から」で締める構成。ピンク色の舞台に、高度経済成長とともに歩んできたTSミュージックの足跡と、観客が忘却してきたふるさとがトポスとなって浮かび上がる。鎮魂と呼んでもいいだろう。

なにごとかを演じてみせる。その行為が、いまここに、過去と未来を招き寄せる。私は今日まで生きてみました。明日からもこうして――。彼女の微笑と性器は、それが世界中で繰り返されてきた光景であることを告げる。

渚あおい、栗鳥巣のコンビはこの日、京はるなも加えたトリオ編制で某人気アニメのパロディを見せてくれた。本来、男性同士のセクシャルな行為を女性が妄想するというBLにおいて、男装した女性の踊り子による行為は、より抽象度を高める役割を果たす。男装を経由することで、キャラクターの関係性を愛でるBLの本懐へとより近づく。客席の若い女性たちが振るピンクのペンライトを眺めながら、ここはやはり洞窟なのだと思った。ピンクの洞窟を、踊り子たちはセルフプロデュースする。そこには、出雲阿国の「かぶき踊」や「遊女歌舞伎」の歴史もまた刻まれている。

そういえば、ずっと前に歌舞伎町で前野健太と一緒にふらっと入ったバーで、ストリップデビューしたばかりだという若い女性の誕生日会が催されていた。たまたま置いてあったアコースティックギターで、前野がそのミサキという踊り子のために一曲弾き語る。まだ音源化されていない曲だ。タイトルはたしか、「プッシィ・キャット」といった。

ストリップ小屋の厳かな静寂

2018年3月

驚異的なダンステクニックを持った踊り子が現れた、という噂を耳にする。ローザンヌ国際バレエコンクールへの出場経験もあるという。「みおり舞」という名前には聞き覚えがあった。AV女優である。

ストリップデビューから半年ほど経ったみおり舞のステージを観た。ショウ全体の流れを重視する浅草ロック座らしく演出はグリム童話で統一されており、みおり舞の「景」（演目）のモチーフは、赤ずきんちゃんだった。身体の柔らかさ、ポージングの美しさは群を抜いている。Y字バランスも見事だ。ライトの埋め込まれたシューズを履いており、ダイナミックな足運びとともに、光が優雅な軌跡を描いた。それでも、わずかな仕草だけで空間を支配してしまう矢沢ようこらベテランの踊り子に比べると、そのときの私には訴えかけてくるものが少なかった。

今も昔も本邦のストリップは、世界の「ストリップティーズ」とは微妙に趣きが異なる。本来ストリップティーズにおいて、肝は「ティーズ」にある。いかにして「じらす」か。そこに心理的な駆け引きや、タッセル回し、グラインドなどの技術がつぎ込まれる。しかしこの国では、「じらす」ことよりも、「脱ぐ」という行為の物語性に重きが置かれる。踊り子が視線や指先の動き一つで生み出す空気感は、ときにテクニックの巧拙を超える。

昨年末にストリップをテーマにした雑誌をつくった。『Didion』という私の個人雑誌の創刊号だ。寄稿してくれた作家の蛭田亜紗子や研究者の八幡南らが、おすすめの踊り子としてみおり舞の名を挙げた。彼女らの原稿によると、みおり舞が全裸で「ボレロ」を踊ったという。

みおり舞のダンス技術であればたしかにそれは可能だろう。劇場の回転盆が、円卓と重なるのも容易に想像がつく。が、そのときストリップ小屋はいったいどんな空気になるのかが気になった。

今年三月、ストリップデビュー二周年を迎えたみおり舞が、川崎ロック座で「ボレロ」を出すという。もちろん見に行くしかない。

二回目の途中から入り、すぐに始まった武藤つぐみのステージに引き込まれた。

客席後方から登場した武藤は、少年のように虫捕り網を振り回す。「さとうきび畑」のインストに乗せ、蟬の鳴き声も聞こえる。ミカン箱に絵日記を仕舞うと、ノスタルジックな夏の思い出から一転、照明が落ち、幕が下りる。荘厳な空気のなか、雷鳴のように轟くジェフ・バックリーの「ハレルヤ」。再び幕が上がると、首吊りのような体勢から、布を使ってのエアリアルへ。繰り返される回転に、昇天を導く天使を幻視した。やがて回転が止まり、武藤が布に繭のように包まれると、静謐さが訪れた。戦争をテーマにした演目だとあとで知ったが、私にはより大きなものへの鎮魂にも見えた。

三回目に出した武藤の演目にも目を瞠った。やはり布にくるまりながら、舞台の上をただひたすら回り続ける。同時に布のカタチは刻々と変化していく。イスラムの旋回舞踊になぞらえて「セマー」という演目名で呼ばれているらしい。回転する踊り子のトランス状態がもたらすのは、「捧げられている」という客体の感覚である。

回転から円へ。

続いて、みおり舞の「ボレロ」がはじまった。

腰にアクセサリーをつけた以外は一糸纏わぬ姿で、腕で半円を描くと、やがてリズムから解き放たれた身体がメロディーを奏ではじめる。

ベジャールの回想によれば、この作品自体、最初の着想はストリップにあり、そこから心理的要素をつかみ出したのだという。もちろんベジャールはそれを、神話的イメージへと敷衍《ふえん》したのではあるが。

「偉大なる死の儀式である。テーブルの上で踊る女性ないし男性は、その周囲で踊る者たちの渇望と活力によって、欲情を抱かれ、飲み込まれる」（『モーリス・ベジャール回想録』）

みおり舞は伸び伸びと踊る。全裸ということだけにとどまらない、あっけらかんとしたパワーがある。それでいて、本来なら屹立とともに、リズムを踊る男性ダンサーたちが徐々に押し寄せてくるくだりで、ベッドへと移行する。あくまでこれはストリップなのだ。寸止めのような状態が、結果として「ティーズ」をもたらす。劇場を脈打たせると、みおり舞は再び立ち上がり、クライマックスで見事に果ててみせた。

この日の最終回、みおり舞の二周年セレモニーを挟み、武藤つぐみが再び「さとうきび畑」の演目を出した。その後の休憩時間にロビーがざわついた。「後半のエアリアルで手拍子をした客がいた」と数人の常連客が憤っている。手拍子は自然発生的なものだ。それに初見の客に対してであれば、「テーマを理解して、手拍子を控えろ」というのも無理な注文だろう。

それでも彼らの「壊されまい」という畏れの感覚はなにも間違っていない、と思った。これは祭式なのだ。飛び交うテープも、鳴らされるタンバリンも、能動的な静寂も、阿吽《あうん》の呼吸で存在している。

ストリップという芸能自体が、タイトロープ上のギリギリのバランスで成立している。脆くはない。やはりこれは芸術ではなく、芸能なのだ。

トリはみおり舞の「アイリッシュの恋占い」。ギター、アコーディオン、パーカッションの生演奏つき。

みおり舞

武藤つぐみと南まゆの客演も得たみおり舞は、アイルランド音楽にあわせて足を振り上げ、譜割りを正確に刻む。

楽しくて淫らな村祭りだ。これが天岩戸なら、アマテラスだって覗いてみたくなるだろう。

混沌《カオス》を統べるたけしの志ん生

2019年4月

ハードル競技の障害物を倒す是非を言ってもしかたがない。だが、ピエール瀧の逮捕を受けての作品の出荷停止やお蔵入りの報には、もっとハードルを高くせよ、という圧力ばかり感じる。倫理ではなく気晴らし。炎上依存。だがネタの効き目は短いので、数日もすれば、みな新しいやつが欲しくなる。

しかし、こんな見立ても古いのかもしれない。より高いハードルを越え、速いラップを刻む脚力をつけるべし、という声もある。令和の芸能者には。

「歌舞伎町を変えたい」

歌舞伎町のカリスマホスト、一条ヒカルは言う。近頃かつてなく飛び降り自殺が続くその街で、刹那に溺れるのではなく持続可能性を、と。ホストというカルチャーが客にもキャストにとってもクリーンかつカジュアルなものであってほしいという彼の想いは、運営する店舗にも反映されている。スターを引き抜くのではなく、ゼロから手塩にかけた多士済々。わかりやすいイケメンはあまりいない。デコボコした個性がウリだ。客の話にうなずき、盛り上げ、元気を充填し、日常へと帰らせる。リリースする感覚が重要だ。なかには感動のあまり、母親を連れてくる客もいるという。

ヒカルの店でシャンパンコールを聴きながら、一方でこの街の刹那や危険さに惹かれる私がいるのも事実だ。きっと狂騒のただなかで、それをどうコントロールするのかが大切なのだろう。

中村勘九郎とホスト遊びをした夜を思い出す。ある人気俳優も一緒だった。泥酔した俳優が「ブラックパールを見たい」と言い出した。そのボトルを開ければ、一千万円は下らないだろう。「見るだけですよ」と、他の店舗から宝箱のようなケースが届いた。白い手袋をはめたホストがケースの蓋を開ける。その瞬間、俳優がボトルに飛びかかった。絶叫のなか、俳優を羽交い締めにする勘九郎。笑っていた。

そのときは気づかなかったが、思えばエンタテイナー二人は、阿吽の呼吸で私たちを楽しませてくれたのだろう。

「自然に従え」

中村勘九郎が演じる、ＮＨＫ大河ドラマ『いだてん』の主人公・金栗四三《かなくりしそう》が、非科学的トレーニングの問題点に気づいた際に得た教訓である。

祖父である十七世勘三郎、父である十八世勘三郎も出演した大河。今回、勘九郎とともに主演がもう一人。阿部サダヲが六四年の東京五輪招致キーマンとなった田畑政治を演じる。異色の大河とも言われる。脚本はご存じ、宮藤官九郎。

金栗を支えた足袋職人・播磨屋を演じるピエール瀧の降板により、文字どおり足下が揺らいだが、『いだてん』はキャストを変え、調整し、再び走りはじめた。瀧の代役は、宮藤の盟友でもある三宅弘城。三宅はやはり宮藤脚本のドラマ『木更津キャッツアイ』で、瀧演じるチンピラを逮捕する警官役を演じたこともある。

ストックホルム五輪まで描いたところで、『いだてん』は第二章へと突入。歴史ではこの時期「スポーツ」という概念が日本に根づきはじめる。

けっして五輪礼賛ドラマではない。楽しさか、教練か。オリンピックとはなんのためにあるのか。

この『いだてん』、オンエアの内外で起きる出来事を追えば追うほどに、鍵を握るのがビートたけし演じる古今亭志ん生に思えてならない。

もともと副題に「東京オリムピック噺」とあり、高座の志ん生にナレーションを担当させている。すなわち、この『いだてん』全体が志ん生の落語であるという設定なのだ。

昨年、たけしが志ん生について書いた『やっぱ志ん生だな！』という本の構成を手伝わせてもらった。

本書のなかで、たけしは志ん生のことを「真面目」だと評する。勉強家であると。かつ、その努力の跡を見せないとも。これはビートたけしという芸人にもそのままあてはまるだろう。

あるいは、「危うさ」というキーワードでたけしが解き明かすのは、志ん生の混沌を制御する卓越した技である。破天荒な芸人と呼ばれるのは結果論であり、「芸のために破天荒」という順序はありえない、とたけしは言う。

「ただ、そこで志ん生さんとオイラがちょっと違うのは、恥ずかしいことだけど、オイラは実際トラブルになっちゃったことが何回かあるっていうところ。そのへんは志ん生さんのほうがうまくやっていたよな」

だが、トラブルだって活きる。天皇陛下即位三十年祭典の挨拶で、「不届き者を二人も出した『アウトレイジ』」と、ピエール瀧らの件を俎上に載せるたけし発言に温かみさえ感じられるのは、無論たけし自身に逮捕経験があるからだ。

「志ん生さんの落語って、『笑える』というよりも『ざわめき』に近いところがあるんだよ」

晩年の志ん生の高座を分析し、出てくるだけですべてを変えてしまうとたけしは指摘する。

『芝浜』の夢の感覚も、『黄金餅』の道中づけのくだりも印象的だが、いまのところ『いだてん』で最も重要な志ん生落語は『富久』である。

森山未來演じる若き志ん生である朝太の初高座。上下を切ることもなく、『反対俥《はんたいぐるま》』のような体勢で、久蔵はワイルドに駆け出す。浅草の三軒町から芝の久保町まで、久蔵の息遣いに、ストックホルムでの四三の走りが重なる。まだ制御はできていない。この先、『富久』には復路もあるが、いまはただ業を抱えて、がむしゃらに走るだけだ。

令和最初の大河ドラマとなった。劇中の年号も、明治から大正へと替わる。

混沌と制御。楽しさとキナ臭さ。コカイングらいではビクともしない……わけでもないだろうが、たけし志ん生こそが時代を繋ぐ命綱である。

こしらと吉笑の立川流リブート

２０１９年７月

お笑い帝国よしもとが揺れている。ジャニーズ事務所の雲行きも怪しい。あの人が生きていたらなんと言うだろうか？　という問いも空しいが、それでも聞いてみたいのは、立川談志である。

落語協会を飛び出し、落語立川流を創設。落語家でありながら、寄席に出ない道を選んだ談志。結果的に、ホール落語のクオリティを極限まで高めた志の輔をはじめ、談春、志らくなど、寄席なしでも傑出した才能を育んだ。

弟子たちは、給金をもらうどころか、上納金を納める。それでも「談志の弟子」という看板料として、けっして高くはなかったはずだ。漫然と落語をするだけではそのありがたみも限定されるが、自ら獣道を切り拓こうとする者にとっては、立川流ブランドがある程度効いたことはまちがいない。

談志亡きいま、その孫弟子世代となるとどうだろう。いまだ基本的に寄席には出られないが、それ以外の道もある程度整備されてはいる。無理にアクションを起こさずとも、落語はできる。

だが、本当にそれでいいのだろうか。

立川流は前代未聞メーカーであるべき、というテーゼを掲げるのは、談笑一門の総領弟子・吉笑だ。最近も創作話芸ユニット・ソーゾーシーの一員として地上波冠番組に進出。また、立川流の裾野を固めるべく「マゴデシ寄席」の運営に奔走するなど、この世代では突出して気を吐いている。

数年前、吉笑がＭＣを務める「ＷＯＷＯＷぷらすと」というネット番組の談志特集の回に私も出演したことがある。そこで吉笑が話していたのは、彼よりさらに下の立川流世代ともなると、家元談志の命日すら知らない者がいるという現実だった。そんな状態でなぜ立川流に？　という疑問はさておき、もったいないと思うのだ。家元の墓参りだけでも、ちょっとした小噺ができそうなものなのに。

一方で、談志の匂いはあまりしないにもかかわらず、吉笑と同じく、強烈に「立川流」を感じさせる孫弟子世代の真打がいる。志らくの弟子、こしらだ。

いまや二十名に及ぼうという志らく一門の総領弟子だが、志らくにも似ていない。落語について言えば、けっして上手いわけではないが、フラがある。なにより強烈なオリジナリティがある。落語家にはたまに、本人自身が落語に登場するキャラクターのような人物がいて、たいていそれは江戸の長屋的世界におけるならず者に似るのだが、こしらの場合、そこがきっちりと現代にアップデートされている。

こしらの新刊『その落語家、住所不定。』によれば、家を持たず、スマホを駆使しながら、気の向くままに暮らしているという。だが、その印象は高城剛的なガジェット野郎とも異なる。もっとこう、手づくり感が漂うのだ。なまじ早くからPCに詳しかったために自らHTMLで組んだ公式サイトをいまだ現役で使い続けている談之助や談笑の系譜とも言える。そんなところにも、立川流を感じるゆえんである。


この夏、吉笑とこしらが国立演芸場で新機軸の二人会を始めた。その名も『伝統芸能鑑賞会』。これは見逃すわけにいかない。

開演直前に会場に入り、少々驚いた。客席が半分ほどしか埋まっていないのだ。

開口一番、こしらの弟子かしめが『鈴ヶ森』。続いて、こしらが高座に上がると、得意の高速落語で『片棒』を披露し、五分足らずでサゲまで辿り着いた。吉笑は得意の擬古典『ぞおん』。よくかけるネタだが、この会でかける必然は感じられない。しかしこれが公演後半の伏線になっていることがのちにわかる仕掛けとなっている。

中入り前に再びこしらが上がると、今度は現代的な新作をかけた。

冴えない日々に絶望し、人生をやり直したくなっているエイトくんという男が主人公だ。彼は今年の年始を賑わせた社長による現ナマプレゼントに応募。そのカネで「先祖に会い

立川こしら

たい」という希望がよかったのか、見事当選する。社長の会社に招かれると、案内してくれる担当者の名前は田中サンダル――発音は「三太夫」である。ここに至り、この新作が古典落語『八五郎出世』の改作だと気づかされる。

社長はエイトくんに実はタイムマシンが完成しているのだと告げ、サンダルも伴い、江戸時代へとタイムスリップ。時空間移動の衝撃に耐えるために社長が着込んでいるのはもちろん例のスーツである。

中入りを挟み、吉笑が噺を引き継ぐ。社長が江戸時代に来た本当の理由は、ＧＡＦＡの脅威に打ち勝つため、江戸の時点で巨大流通網を確立することだった。やがて来る黒船をも迎え撃つのだという。

カネ（小判）にものを言わす社長の遣り口を軽蔑する江戸っ子たちの啖呵が痛快だ。だが、ここでも十両プレゼントキャンペーンを開催することで、江戸っ子のハートも買収してしまう社長。だが、あこぎな手口で江戸の街を食い物にする社長に対し、大岡越前の裁きが下り、五兆円の科料が科せられたところで、こしらにバトンタッチ。

社長の行動が影響したのか、歴史に狂いが生じ、百年も早く来襲する黒船。赦免された社長は、湾岸地区にレールガンを設置。そこに『片棒』も含む古典落語の登場人物たちが次々と集結するのだが――。

言ってみれば、これは落語版『アベンジャーズ／エンドゲーム』だ。その他にも刀剣乱舞などポップカルチャーの大ネタもちりばめられている。

大枠を考えたのは吉笑だというから、「ぷらすと」の司会で現代エンタメコンテンツの枠に触れていることが役立っているのだろう。そこに、こしらの古典改作スキルもいかんなく発揮され、スケールの大きい落語世界での遊びが成立している。

かつて談志は言った。伝統を現代に。

新たな火蓋を切った二人の闘いは、むしろこう言うのが相応しい。

現代を伝統に。

神田松之丞の「離見の俺」

2017年11月

目に焼き付いたまま忘れがたい立川談志の高座が二つある。一つは、国立演芸場のひとり会。ネタは『富久』だ。もう一つは、渋谷シアターDの快楽亭ブラックの会で見た『小猿七之助』。

どちらも談志を追いかけ始めてまもない時期の高座で、前者に至っては生まれて初めてナマで触れた談志の落語だった。

その後、いくつもの名演を目撃し、談志本人をして「ミューズが舞い降りた」とまで言わしめた晩年の『芝浜』にも居合わせたが、それでも雛鳥の時分に刷り込まれた衝撃はこびりついたまま。とりわけ『小猿七之助』に関しては、他の演者がやるのも含め、ナマで聴いたのはあの一回こっきりである。

『小猿七之助』は、談志が神田伯龍の講談に惚れ込み、落語でもかけるようになったネタだ。今でも弟子の談春が稀にやるが、談志自身、高座にかけることは珍しく、思えばレアな会だった。当時、センター街の雑居ビルにあったシアターDは、四十人も入れば満員のキャパ。肩を寄せ合い談志の落語を聴くのも(床に体育座りだった気がする)、そうはないことだった。

筋はほとんど覚えていない。隅田川をゆく二人船の臨場感。抑制の利いた会話。床を拳の外側でなでる仕草。「……姉さん」ドスの利いた声で芸者お滝に匕首《あいくち》をつきつける船頭・七之助の変り身の早さ。それらの断片が、記憶のなかで圧倒的な暗闇に包まれている。夜、という設定ではなかったと思うが、それにしてもあの日の『小猿七之助』は、黒光りして格好よかった。調べてみると、あれは一九九七年十一月。ちょうど二十年前の出来事となる。

なので今年六月、講談師・神田松之丞の「師匠から、小猿七之助のやる許可出た」というツイートに私の胸は躍った。いつか聴ける日がくるのだろう。

意外にもそれはすぐにやってきた。今年十一月、芸歴十周年記念「まっちゃん祭☆秋三夜」の告知段階で『小猿七之助』がネタ出しされたのだ。他にもアナウンスされたネタは『青龍刀権次』やゲスト・春風亭一之輔による『鼠穴』など、明らかに談志を意識したプログラムだ。会場も国立演芸場、おまけに十一月は談志の祥月でもある。

松之丞はナマで観た談志の『らくだ』に衝撃を受け、結果、講談の道を志した男だ。落語ではないところがミソである。浪曲にもそういう若者がいると聞く。談志は落語の名人であると同時に、寄席演芸のよきナビゲーターであり、とびきりの見巧者でもあった。

そんな談志に惚れた松之丞だからこそ、入門前の時期に、客であることの贅沢さを存分に味わった。意識的にあらゆる古典芸能の名人を鑑賞し、芸能者としての糠床をこしらえた。その上で講談界の重鎮・神田松鯉に弟子入り。

当然、未来のあるべき自らの芸人像を幻視したはずである。いつか、談志にその芸を観てもらうことも。しかし、それは叶わなかった。

「まっちゃん祭」第一夜、まずは『源平盛衰記〜扇の的』。源平もまた談志ゆかりのネタだ。玉川奈々福の新作浪曲（原作は川口松太郎）『彼と小猿七之助』を挟み、『小猿七之助』へ。ネタ下ろしほやほやだが、江戸情緒あふれる空気から一転、七之助のアパシーとも言える非情さは松之丞のニンに合っている。談志のような漆黒の輝きは望むべくもないが、代わりに濃密に立ちこめるものがある。普段は隠されている松之丞の魅力が、輪郭をともなった気がした。なにか。芸に懸ける「もどかしさ」や「あがき」である。

まだ足りない、という意識。だが、それをもたらすのは観客ではない。客席にいると想定した松之丞自身である。

談志もそうだった。客席の談志が納得しない。「離見の見」ならぬ「離見の俺」が見ている。そういう状態も含めて、観客にさらけ出すこと。そこは見せない、という美学もあるだろうが、談志は違った。松之丞もそう。あがく。

まだ二ツ目だ。「芸歴十周年記念」と銘打ったのも洒落であり（そりゃこの世界、十年はまだ序の口だ)、当然、完成した芸でないことは、当人がいちばんよく知っている。

第二夜は『徳川天一坊』をぶつけたが、一之輔の『鼠穴』に圧倒された。それでも、あがいてみせることに意味がある。第三夜、松鯉一門から神田阿久鯉《あぐり》がゲストに迎えられ、『難波戦記~重成の最期』。講談の凄みは、姉弟子が十二分に伝えてくれた。

それでも、松之丞である。みな、松之丞から目が離せない。十年目の「あがき」が、祭りの三夜を締めくくる最後のネタに収斂していく。

『淀五郎』。

仮名手本忠臣蔵の塩冶判官役に抜擢された歌舞伎俳優・澤村淀五郎が主人公だ。「お前みてえな下手な役者は腹を切って死んじまえ」とまで言われた淀五郎は、栄屋の親方こと中村仲蔵の指導のもと、徹夜の稽古で役をものにする。芸に苦闘するその姿は、読む松之丞と重なり、迫真のドキュメンタリーとして観客に届く。

二〇一七年、演芸全般を見渡しても随一といっていいほどのブレイクを果たした松之丞。テレビやラジオに出演、CDも出し、著書も出版した。しかし、「すべては講談のため」という点にブレはない。噺を覚えて、それを読んでいく、という作業をひたすら続けるのみだ。遠く前方には、師匠・松鯉をはじめ遥かに高い山が聳えている。

売れたことでもし磨かれたものがあるとすれば、十年目の未完成さ、余白をも楽しませる工夫だろう。

談志に見せたい『淀五郎』だった。

「やりやァがった」

「あの若い講談の松之丞ってのはいいよ」

いつか言われたかっただろう。だが、届かない想いこそが、足りない余白こそが、私たちを熱くする。

松之丞の「離見の俺」は、すでに講談の未来をまっすぐに見つめている。

六代目神田伯山、爆誕

2020年2月

「場違いに熱演して、お客さんを置いてけぼりにしたこともありましたね」

松之丞という名に別れを告げる最後の独演会は、よみうりホールでの昼夜興行。夜の部、一席目は『山田真龍軒』だった。長い寛永宮本武蔵伝のうち、武蔵と虚無僧が戦うだけの話だ。寄席でも重宝したこの短いネタを、込めた工夫や思い出にも言及しながら、噛みしめるように読んでいく。

私が初めてナマで松之丞を聴いたネタでもある。忘れもしない五年前、新宿末廣亭の「五派で深夜」だった。初めて見た講談師の圧倒的なエンタテインメント性にシビれたのを覚えている。

二席目は新作講談『桑原さん』。存在だけは知っていたものの、高座で聴いたことはなかった。

もう二度とやらないだろうと宣言した上での解禁である。老人たちが、友人桑原さんの若かりし頃の奇行を語り合う。バカバカしさ全開のネタだが、それゆえ松之丞の「笑い」をコントロールする腕が光る。

もしこの男が落語の道を選んでいたら、どうなっていただろう。だが、松之丞は講談を選んだ。講談に選ばれたのではないかとすら思える。クリシェではない。それなくしては、講談界は生きながらえることができなかったかもしれないのだ。

師匠・神田松鯉の『大高源吾』を挟み、松之丞最後のネタは『淀五郎』だった。

ちなみに昼の部のトリネタは『中村仲蔵』。ともに歌舞伎を舞台とする役者伝だ。

この二席は連環している。血のない役者——つまり門閥外の役者だった初代中村仲蔵は、当時は端役だった仮名手本忠臣蔵の斧定九郎を自らの工夫によって刷新した。それから三十年ほどが経ち、同じく門閥外の役者だった淀五郎は、座頭の市川團蔵に仮名手本忠臣蔵の塩冶判官役に抜擢される。だが、期待に背いたことで、舞台上で恥をかかされてしまう。この淀五郎に的確なアドバイスをし、再起を促すのが、栄屋の親方こと中村仲蔵なのだ。

松之丞時代の最後のネタとなった『淀五郎』は、仲蔵の優しさ以上に、團蔵の厳しさが強く印象に残った。

「おめえは先人たちの芸を見ていなかったのか⁉」

淀五郎を抜擢しておきながら、演技に付き合わず、叱責する團蔵。一言一句が淀五郎に突き刺さる。

その様子を語る松之丞は、先人たちに頭を垂れ、また勝手に吸収もしてきた。工夫はする。当然のことだ。それは歴史上、何度も繰りかえされてきたことだから。

松之丞は、百年に一人の天才でもなければ、突然変異の人でもなかった。芸道を自ら険しくしながら、同時代を生きるご見物たちを納得させるため、工夫を怠らない若者なのだ。その総仕上げとしての『淀五郎』を読み終わると、松之丞時代は幕を閉じた。

余韻に浸る間もなく、翌日、末廣亭で松之丞改メ六代目神田伯山の襲名披露興行が始まった。

大初日、興行は夜だが、前夜からの徹夜組も出る異例の人出で、朝の時点で満員札止めとなる。午後四時半の入場時にも、末広通りには異様な熱気がたちこめていた。

新伯山の御披露目は、口上から。緞帳が上がると、スタジオジブリ（鈴木敏夫）提供による後ろ幕の鮮やかな青が目に飛び込んできた。

客席の拍手に促され頭を上げた伯山の表情が、舞台のフットライトに照らされて青白い。新真打が座礼をキープするのはしきたりだが、前方を見据えたまま微動だにしないのは、ずいぶんと異様に映る。三遊亭遊雀の司会のもと、師匠の松鯉に続き、桂米助、春風亭昇太、さらにゲスト毒蝮三太夫が笑いをまぶした口上を述べていく。爆笑が起こっても、伯山は眉一つ動かさない。彼の周りだけがエアポケットのようだ。

そして、ついに末廣亭定席のトリとして登場した伯山。

「六代目！」

万雷の拍手とともに、かけ声がかかる。

「ちょっと盛り上がりすぎですよ」

ようやく見せた笑顔での一言は、自らに言い聞かせているようでもあった。ほぼマクラもなく本篇へ。

伯山最初の読み物は――『中村仲蔵』だ。

工夫しつづける仲蔵。伯山もまた、いまだ細部に工夫を凝らし、このネタを進化させている。本来このネタに登場する女房を出すことも考えたらしいが、まずは孤独に芸と向き合う役者の姿を確かめるように読んでいく。

込めた決意は明らかだろう。教わったとおりのことをする。それも一つの見識だ。だが、そのままでは、講談界は衰退していく一方だった。光を当てるために施した工夫の数々。あがき、だったかもしれない。だが、観客はたしかにそれを感じとった。ラジオでもテレビでも人気を博した松之丞だが、最大の説得力は高座にあった。観客はその工夫を買ったのだ。結果、伯山襲名の盛り上がりは、落語界を凌ぐほどとなっている。

緞帳が下りても拍手が鳴り止まない。再び上がる緞帳。おそらく末廣亭史上初となるカーテンコールだ。

突然のことゆえ片付け途中で舞台に残されたままの釈台の横で、深々と頭を下げた伯山がマイクに口を寄せた。

松之丞改メ六代目神田伯山。末廣亭での襲名披露興行　©金子山

「皆さんにご報告があります。明日からも来てください」

この模様を、映像監督の岩淵弘樹が翌朝までに十数分の動画へとまとめ上げた。伯山は、新たに開設したＹｏｕＴｕｂｅチャンネル、その名も「神田伯山ティービィー」で襲名披露期間中の口上や楽屋の模様を毎日公開することにしたのだ。

披露興行のバックステージを可視化し、ネットに解き放つ。この新機軸が、早くも寄席に初心者を導き入れる。気づけば神田伯山という名跡もまた、いっきに世間へと浸透していく。

再び末廣亭が開いた

2020年6月

どこかで日常のボタンを掛け違えた。NYCのツインタワーにジェット機が突っ込んだときか、津波を被った原発が目に見えない放射性物質を放出しだしたあのときか、あるいはもっと前からのような気もする。未知のウイルスに振り回されている現在もまた。

ボタンどころかもはやどんな服を着ていたのかすら忘れてしまったが、でもたしかに続いている日常もあり、ああ、こんなにも頼りなく壊れそうで、でもふわふわとカタチを変えていく毎日をくり返している。おそらく、この連環をマクロの視点で眺めたならば、幾度となくこの場所で確認してきた「芸」というものの実相に近い。

何人かの友人が口を揃えて言うのが、「いつか」という言葉だ。

そんな時間は永劫にくることはないだろうという諦念を含むその「いつか」が、やってきたのだと。

「いつか見たいと思っていた映画」

「いつか読みたいと思っていた本」

その「いつか」をいまだと直感させるものの正体はなんなのか。

安藤鶴夫の『わたしの寄席』を読む。アンツルの著作は、郡司正勝のそれと並び、私にとって長らく「いつか」の時間に属していた。

説明を嫌い、描写を好むアンツルの文体はそれ自体が落語へと接近する。タイトルとは裏腹にホール落語に言及したいくつかの原稿に目がとまった。

「戦後、ホール落語というもののきっかけをつくったのは、なにをかくそうわたしである」

芸の伝承を考えれば、それを磨くべき場所と、鑑賞する観客、両方が必要となる。安藤の肝煎りで始まった三越劇場での「三越名人会」には、文楽、志ん生、円生、三木助、小さんらが出演した。なかでも文学性の高さでも知られる三木助の芸は、この三越名人会での研鑽あっての完成とも言われ、『芝浜』の名演は芸術祭奨励賞を受賞した。

寄席だけでは古典落語の命脈を保てなくなった時代だ。生活様式からなにから変わっていくのだから当然だろう。

ラジオやテレビの波も押し寄せる。いっそ波に飛び込み大衆化すれば、雲散霧消してしまうかもしれない。だが、波に抗い、伝統を強調するあまり、大衆から乖離してしまう危惧だってある。

古典至上主義とも言われるアンツルの逆コースは毀誉褒貶あったとされるが、伝統を繋ぐ両輪の片側としての意義を果たしたはずだし、実際、その後の何度かの落語ブームを支えたのもホール落語だった。

一方、寄席も、いまだ東京では、定席を開催する小屋だけでも新宿末廣亭、浅草演芸ホール、池袋演芸場、鈴本演芸場と四つある。その他国立や永谷系、浪曲の木馬館、二ツ目中心に顔づけする会場まで含めれば、相当な数に及ぶ。

ここにきて落語家や色物が織り成す空間自体が、かつてなく存在感を発揮しはじめている。ノスタルジーもあるが、非日常ではない。地続きの日常をふわっと脱力させるような不思議な磁場として、寄席はそこにある。

戦時下ですら開いていたと言われる寄席が閉まったのが四月のこと。六月一日から探り探り、まずは新宿末廣亭、浅草演芸ホールが営業を再開した。

小雨降る平日の昼、新宿末廣亭の六月下席。木戸でセンサー検温を済ませ、客席後方に滑り込んだ。ちょうど二ツ目に昇進したばかりの柳家小はだがマクラを振っているところだ。よく見ると一席ずつバツ印で間引かれている。そもそも客はまばらで四十名いくかいかないか。小はだのすっきりとした『真田小僧』が響く。

三遊亭萬窓の『ぞろぞろ』、浮世亭とんぼと横山まさみの漫才が続き、古今亭菊之丞が高座に上がる。たばこを吸う指先まで目を惹く『長短』が心地よい。

番組表では次に柳家小里んが出る予定だが、代演で順序が繰り上がり、春風亭一之輔が現れた。

「子供の学校もね、始まってるんですけど、『お父さん、どこ行くの?』『寄席だよ』『えっ、なんで開いてンの?』ってだって。余計なお世話だっつうの」

「限定百名なんて言ってますけど、普段から百人も入ってねえんですから」

「こんな時期に、雨だってのに来てくれて、選ばれしお客さんですよ。でも、笑わない。なにしに来たんですか? って。しかも寝てる方もいる。ああ、寄席だなァ〜って思いますよ」

先ほど入ってきて、私の前列に着席した夫婦の旦那のほうは、スマホをずっといじっている。気怠そうに、一之輔が本篇へと入っていく。『鮑のし』だ。すぐさま噺は熱を帯び、甚兵衛と大家のやりとりで爆笑が起こった。

中入り前だが、ここで換気のため休憩が入る。トイレに行くと、普段はしない塩素消毒の匂いが鼻をついた。

色褪せたパノラマのような光景が続く。

ジャグリングのストレート松浦は、久しぶりすぎて筋肉痛になったと言いながらボールを巧みに操る。金原亭馬の助は噺を短く切り上げ、「大黒様」「恵比寿様」と羽織を使った百面相を。柳家小団治の『つる』のあとは、林家正楽の紙切り。雨の日のお約束で「相合い傘」を切ると、客からのリクエストは「シャンシャン」「六月の花嫁」「紫陽花」「日食」。

そう、昨夜は日食だった。ただ黒に切っても仕方がない。見上げる親子までを構図に入れるところが芸だ。

中入り前、最後に現れた柳家小満んのネタは『浮世床　夢』。歌舞伎座で出会った女に頼まれて掛けた大向こう。逢瀬としゃれ込むもすべては夢だった――。歌舞伎座はいつ開くのだろうか。ふと、現実が頭をよぎった。

中入りまでで末廣亭を出ると、雨は上がっていた。

失われてはじめて気づくありがたみでは遅い。「いつか」は「いま」である。

おわりに

　芸が継承される歴史的円環、演目がくり返される舞台上の円環、それを見つめる観客が日常と客席を往復する円環。私にとって伝統芸能の実相とは、それら円環を重ねあわせたときにふと浮かび上がるモアレのようなものだ。

　だから、たとえば研究書であれば不要だと思えるようなことも、社会をとりまくニュースも、個人的な気がかりも、書かざるをえなかった。なにより、それらすべてを受け止め、思考を促し、解きほぐしてくれるのも伝統芸能である。

　本書は、『文學界』の連載「若き藝能者たち」がもとになっている。それまで国内外のポップカルチャー、とりわけインディペンデントな領域を馴染みとするライターであった私に、毎月、文芸誌で伝統芸能について書くという得がたい機会をくれた当時の編集長、武藤旬氏に感謝する。もっとも依頼自体は、「毎回なにがしかの日付が入ったカルチャーエッセイ」というざっくりとしたもので、それを受けて書いた第一回の原稿が、第二部冒頭に置いた末廣亭の原稿となる。ここで神田伯山（当時は松之丞）や立川吉笑について書いたことが、事後的に「若き藝能者たち」というタイトルを生んだ。

そして、本書もまた武藤氏の手によって編まれることとなった。安心感とはこのことだ。的確なジャッジとエディットに重ねて感謝する。

筆の遅い私に辛抱強く付き合い、毎号伴走してくれた連載担当の清水陽介氏にも感謝を述べたい。優れた文芸編集者である氏がファーストリーダーであることの緊張感と心強さなくてしては、書きえなかった本でもある。

東海林《しょうじ》巨樹《なおき》氏が素晴らしい装画を描いてくれた。心秘かにシンパシーを抱いてきた氏のイラストで本書を飾ることができたのも望外の喜びだ。それを映える装幀に仕立ててくれたのは、城井文平氏。版面の美しさも気に入っている。

どのように読まれても、読者諸氏の自由である。

ただ、もし本書がきっかけで、実際の舞台や高座、劇場へと足を運ぶ機会を生むことができたなら、それに勝る喜びはない。

九龍ジョー

初出

「伝統の『スタンダード』を更新する4人の男たち：ソーゾーシー」（「ＷＩＲＥＤ」ウェブ版）
「私たちはなにを見ているのか」（大森克己『心眼　柳家権太楼』平凡社、２０２０年3月刊）
「神田松之丞とその時代」（Ｐｅｎ＋「１冊まるごと、神田松之丞」２０１８年10月刊）

右記以外は、「文學界」連載「若き藝能者たち」の２０１５年10月号から２０２０年10月号分に加筆・修正を行った。

装画　東海林巨樹
装丁　城井文平

九龍ジョー（くーろん・じょー）
一九七六年生まれ。ライター、編集者。編集を手掛けた書籍・雑誌・メディア多数。「神田伯山ティービィー」「歌舞伎ましょう」「かずたろう歌舞伎クリエイション」などYouTubeチャンネル監修も。著書に『メモリースティック』（DU BOOKS）、『遊びつかれた朝に』（磯部涼との共著／ele-king books）。

伝統芸能《でんとうげいのう》の革命児《かくめいじ》たち

二〇二〇年一一月二〇日　第一刷発行

著　者　九龍《くーろん》ジョー
発行者　大川繁樹
発行所　株式会社　文藝春秋
〒一〇二―八〇〇八
東京都千代田区紀尾井町三―二三
電話〇三―三二六五―一二一一

印刷所　大日本印刷
製本所　大口製本
組　版　トリロジカ

ISBN978-4-16-391299-8